Mente
Criminal

ANDREW CUNANAN

EL ASESINO DE VERSACE

AMERICAN
BOOK GROUP

INNOVANT PUBLISHING
SC Trade Center: Av. de Les Corts Catalanes 5-7
08174, Sant Cugat del Vallès, Barcelona, España
© 2026, Innovant Publishing SLU
© 2026, TRIALTEA USA, L.C. d.b.a. AMERICAN BOOK GROUP

Director general: Xavier Ferreres
Director editorial: Pablo Montañez
Director de producción: Xavier Clos

Colaboran en la realización de esta obra colectiva:
Directora de márqueting: Núria Franquesa
Project Manager: Anne de Premonville
Office Assistant: Marina Bernshteyn
Director de arte: Oriol Figueras
Diseño y maquetación: Roger Prior
Edición gráfica: Emma Lladó
Coordinación y edición: Adriana Narváez
Seguimiento de autor: Eduardo Blanco
Redacción: Adriana Patricia Cabrera
Corrección: Olga Gallego García
Créditos fotográficos: ©RTVE, ©FBI Archive, ©Newsweek,
©Reuters, Randy Bazemore/Miami Herald Staff, Shutterstock.

ISBN: 9781681658971
Library of Congress: 2021946797

Impreso en Estados Unidos de América
Printed in the United States

Índice

Capítulo 1

CON PASOS DE PATO DONALD

‹‹Alrededor de las nueve menos cuarto, yo caminaba por Ocean Drive, del lado donde está Casa Casuarina. Volvía de dejar a mi hija en el colegio. Entonces, me encontré con un hombre que llevaba pantalones cortos, camiseta y sandalias, todo en negro y gris. No estaba segura de que fuera Gianni Versace, pero luego lo reconocí. Me sonrió y yo le sonreí. Parecía relajado y feliz. Se dio vuelta hacia los escalones de la entrada de la Casa. Entonces, vi a una persona, muy cerca de la mansión. Era joven, blanco, vestía una camiseta sin mangas, pantalones cortos y una gorra de béisbol negra. Parecía un turista. Pensé que era un admirador o alguien que lo conocía porque apuró el paso para llegar hasta Versace. Yo había dejado atrás la mansión, pero me di vuelta para mirar. El joven ya había llegado hasta los escalones. Apuntó su arma con el brazo muy estirado cuando Versace trataba de colocar su llave en la cerradura. Estaba parado detrás de él, apuntando hacia el lado izquierdo de la cabeza, cerca de la oreja. Versace ni siquiera tuvo tiempo de darse vuelta. Fue cuestión de segundos. El joven disparó dos veces, casi a quemarropa. Versace cayó sobre los escalones, sobre su lado derecho. Me quedé paralizada, y lo vi caminar hacia atrás desde los escalones, y colocar su arma en una mochila negra, que había dejado sobre la acera. Colgó la mochila sobre su hombro derecho y continuó su camino como si nada hubiera pasado. Caminaba como si fuera el pato Donald. Y aunque iba lento, llegó a la mitad de la calle antes de que alguien se diera cuenta de lo ocurrido. Entonces, tres hombres salieron corriendo de la casa de Versace. Uno, rubio, vio a Versace y a mí, parada en la acera, en estado de shock. "¿Quién hizo esto?", gritó. Contesté: "Ese tipo, allí" y señalé hacia donde iba el joven. El rubio salió corriendo y lo persiguió hasta que el otro le apuntó. Luego, este comenzó a correr por un callejón. Yo seguía petrificada, frente a la mansión. Llegaron dos policías en bicicleta y luego, muchos más. La sangre de Versace comenzó a correr. Los amigos estaban llorando.»

Testimonio de Mersiha Colakovic, testigo directo del asesinato de Versace: estaba a unos tres metros de la escena. Declaró ante la policía de Miami Beach horas después del crimen con un nombre falso, Liliane De Feo. Una semana después, amplió su declaración, que recién fue divulgada por *The Miami Herald*, en julio de 1998. Para entonces vivía en Italia.

Capítulo 2

«FASHIONCIDIO», LA QUINTA VÍCTIMA

«El tiempo pasa volando, solo somos unas chispas
que quieren brillar lo más radiante posible antes
de que se extingan con el viento.»

GIANNI VERSACE

En Miami Beach, el 15 de julio de 1997 comenzó con una mañana de sol. Ese día, como otros, Gianni Versace salió de su hogar, la mansión Casa Casuarina en el 1116 de Ocean Drive, para dirigirse al News Cafe y comprar revistas. Volvió a la Casa, ubicada a pocas manzanas. Le sonrió a Mersiha Colakovic, subió los escalones y cuando estaba por colocar la llave en la puerta de rejas, adornada con la Medusa dorada que identifica a su famosa casa de moda, recibió dos disparos. Agonizó sobre los escalones de la entrada y murió media hora después, a pesar del esfuerzo de los médicos del Hospital Jackson Memorial.

Versace, de 50 años, era uno de los tantos ricos y famosos que habían elegido vivir en el extravagante South Beach, el barrio de la ciudad de Miami Beach (Florida) donde, en una veintena de manzanas, confluyen las mansiones centenarias de estilo *art decó* y en el que brillaba su propio domicilio, Casa Casuarina, una suntuosa residencia de estilo mediterráneo que Versace salvó de la decadencia pagando 3,7 millones de dólares e invirtiendo otros tantos en acondicionarla a su gusto. Hoy, la hermosa mansión es The Villa Casa Casuarina, un coqueto hotel boutique de cinco estrellas. Entonces, era el hogar de uno de los más grandes diseñadores del mundo y director de la empresa que lleva el apellido paterno.

Figura codiciada por los medios, adorada por las *celebrities* y verdadero ícono de la vanguardia estilística, había decidido mudarse a Florida en 1992. Allí, el clima semitropical le permitía recordar las bondades de su querido Como, ciudad italiana de su preferencia, y a la vez vivir donde todo sucede: vertiginosas noches, días a pura playa y el contacto cercano y cotidiano con aquellos que hicieron de Versace una marca mundial. En la primera línea de los Estados Unidos, él brillaba con luz propia. Entre sus clientes famosos, aunque la lista es larguísima, se puede mencionar a: Eric Clapton, la princesa Diana de Gales, la *top model* Naomi Campbell, los integrantes del grupo de rock británico Duran Duran, además de Madonna, Cher, Elton John, Sting, Courtney Love y Liz Taylor.

Versace dejó un valioso legado: el más importante, en la moda, por su forma de verla y de vivirla; pero, también, en su amor por la vida, cuando se propuso luchar contra una rara forma de cáncer de oído, y en su coraje, cuando tomó la decisión de «salir del clóset» o confesar su orientación homosexual y presentar al mundo a su mano derecha y pareja durante 15 años, Antonio D´Amico, modelo y también diseñador. Su vida acabó por dos disparos de pistola semiautomática en la cabeza, víctima de un asesino difícil de clasificar.

Vida pública y privada

Recrear la vida de Gianni Versace supone volver a convertirlo en víctima, pero también nos permite comprender las causas del asesinato y los motivos de su victimario.

Gianni había nacido en Regio de Calabria el 2 de diciembre de 1946, en la Italia de la posguerra y, aunque su familia tenía

La vida de Gianni Versace se apagó cuando
el diseñador había alcanzado la cima del éxito.
Grandes celebridades lamentaron su trágica muerte.

forma de sostenerse económicamente, su infancia y juventud estuvieron marcadas por las intensas revueltas sociales y sindicales que conmovían al país.

Gianni se convirtió en el mayor de tres hermanos al fallecer Tina, la primogénita del matrimonio Versace, de un tétanos diagnosticado tardíamente. Con los años, para Gianni, recordar la horrible muerte de su hermana era volver a aquel punto bien al sur de su país, donde la pobreza y la mafia hacían las cosas difíciles muchas veces. Su recuerdo era el cable a tierra cuando necesitaba dar gracias por estar vivo y, también, por ser uno de los hombres más admirados del planeta.

Ya de muy pequeño, Gianni se inclinó por la lectura de los clásicos, se interesó por la mitología y fue un cultor del arte. Trabajó junto con su madre Francesca, quien fue también una artesana de la belleza, en la boutique D'Alta Moda y a los 20 años, comenzó a diseñar. Lo primero que hizo fue un vestido para Donatella, su hermanita, que por entonces tenía 10 años.

Aunque se había recibido de arquitecto, el joven Versace viajó a Milán para probar suerte en algunas casas de moda. Así, tras poner a prueba su talento por varias temporadas y darse cuenta de que sus diseños podían ser exitosos, presentó su propia colección, «Cómplice», en 1974. Fue recién en 1978, trabajando junto con sus hermanos Donatella y Santo cuando lanzó su primera colección bajo el nombre Versace, apellido que pronto se convertiría en una marca registrada.

Para los años 80, aquel muchacho sensible y humilde del sur de Italia había escalado muy alto en el mundo de la moda y ya disfrutaba de la fama y el glamur.

Fue bajo su imperio que las supermodelos —apodadas como «Las Cinco Fantásticas»: Claudia Schiffer, Naomi Campbell, Kate Moss, Cindy Crawford y Elle Macpherson— se acomodaron en el cielo de la moda, y que la música, la arquitectura y el diseño se fusionaron como nunca en un solo arte.

También fue entonces, muy probablemente, cuando personalidades poco estables como la de su asesino comenzaron a envidiar a ese ser que tanto mujeres como hombres admiraban y deseaban: Gianni Versace.

Para cuando Versace se mudó a South Beach, su vida ya era de película: viajaba permanentemente por el mundo para organizar sus desfiles; pasaba largas temporadas entre bambalinas diseñando vestuarios para películas y óperas; obtenía ganancias fabulosas por su trabajo y, además, vivía un amor apasionado junto a Antonio D´Amico, modelo y también diseñador de la línea deportiva de la marca.

A principio de los años 90, las noches en la Casa Casuarina se volvieron famosas: Gianni y Antonio contrataban acompañantes y, presumiblemente, las orgías se prolongaban hasta entrada la mañana. Conocedor del mercado de la prostitución masculina, es probable que su asesino haya querido estar allí, donde la vida parecía un *composé* rosa y dorado.

Estar cerca de Gianni, conversar con él o compartir algo más que palabras puede haber sido una obsesión de un joven con expectativas de conquistar el mundo; quizá una obsesión frustrada que culminó en crimen. Hasta ahora, son solo presunciones o posibles indicios. Sí es cierto que la personalidad de Versace era aglutinante: sus modos y sus salidas ocurrentes lo hacían el centro de todas las reuniones.

Más adelante, la admisión de su homosexualidad en una entrevista para *The Advocate* —primera revista estadounidense sobre temas LGBT, que se edita desde 1967— lo catalogaría para siempre como una persona valiente. Sin embargo, el que Gianni posara en una revista gay junto a su pareja Antonio en 1994 fue un duro golpe para su familia en Italia; aunque sabían la realidad de la vida del diseñador, preferían no exponerla públicamente.

Al momento de su muerte, Gianni se estaba recuperando de una rara forma de cáncer de oído, aunque en el libro *Vulgar*

Favors, escrito por la periodista estadounidense Maureen Orth, se asegura que el modisto había descubierto pocos días antes de ser asesinado que tenía SIDA, un virus mortal en aquel momento y considerado, errónea o prejuiciosamente, propio de homosexuales.

En este espejo también podía reflejarse su asesino, cuya homosexualidad avergonzó a su familia. Sin embargo, no existen mayores paralelismos entre ambas vidas, ni aún en la más fervorosa de las imaginaciones, pero mucho se habla de un profundo resentimiento y de una notable envidia cuando se analiza la personalidad del asesino. ¿También habría contraído SIDA?

Luego del asesinato de Gianni, el imperio Versace quedó bajo la dirección de su hermana Donatella, mientras Santo, el hermano mayor, siempre de perfil más bajo, se ocupó de las finanzas de la empresa. Antonio, por su parte, el último de los hijos, fue rápidamente apartado de la familia y muchos de los beneficios que Gianni había pensado para él, en caso de que le pasara algo, también le fueron negados.

¿Habrá creído el asesino que lograría alcanzar la fama? No se sabe. Sin embargo, en cada biografía del genio de la moda ahora también está él, aunque solo del modo en que trascienden los homicidas: como el trágico protagonista de su última hora.

Al principio, confusión

Pero volvamos a Miami Beach y al día 15 de julio de 1997, cerca de las nueve menos cuarto de la mañana. En ese momento, el joven descrito por la testigo Merisha Colakovic a la policía cruzó corriendo Ocean Drive, desde el Lummus Park, la zona verde que separa a la avenida de la playa. Se paró detrás de Versace y le disparó con una pistola semiautomática Taurus calibre 40. Las dos detonaciones alertaron a los habitantes de Casa Casuarina. Varios empleados se asomaron por las ventanas y otros se encaminaron hacia la puerta de calle.

Antonio D'Amico, pareja de Versace por más de quince años, fue el primero en llegar al lugar del crimen. Es de imaginar que el ramalazo de dolor le marcó para siempre. De rodillas en la escalinata, en apenas unos segundos, se anegó de sangre, mientras observaba a quien fuera el amor de su vida, tirado sobre el cemento y al borde de la muerte.

Casi al mismo instante, arribó también el chef de la casa, Charles Podestá, quien, a los gritos, ordenó que llamaran a una ambulancia. Alertada de manera simultánea por vecinos, curiosos y por el personal de Versace, la policía llegó minutos antes que la ambulancia, que también acudió con la celeridad que la gravedad del caso ameritaba. En tanto, Lázaro Quintana, un amigo que se encontraba en Casa Casuarina en esos momentos, salió a la calle y persiguió al asesino, hasta que este lo apuntó con su arma.

Fueron los paramédicos quienes separaron al aturdido Antonio de su querido Gianni y quienes le acompañaron en el que sería su último viaje. Alrededor de las nueve de la mañana, el herido de bala ingresó al Hospital Jackson Memorial con sus signos vitales débiles e inestables.

Contra reloj, los médicos prepararon a Versace para una intervención de urgencia que detuviera la hemorragia y le salvara la vida, pero no pudieron siquiera comenzar. A las nueve y veintiuno, y tras varios intentos de resucitación, «el corazón de la moda» dejó de latir.

Para ese mediodía, todos los medios se habían hecho eco de la noticia. En la jornada del miércoles 16 de julio, las tapas de periódicos como *El País*, de España, el *Corriere della Sera* de Italia, los estadounidenses *The Washington Post*, *The Miami Herald* y tantísimos más, fueron copadas por los pormenores del asesinato del diseñador conocidos hasta el momento.

La muerte de Versace llenó de dolor a quienes le querían, su familia, amigos, colegas y clientes, y de profunda consternación

La exquisita mansión que Gianni Versace remodeló y fue escenario de grandes fiestas entre 1992 y 1997, se convirtió en 2015 en The Villa Casa Casuarina, un exclusivo hotel de Miami South Beach.

a quienes le admiraban por su trabajo; aquellos que, de alguna manera, reconocían a la persona detrás de esos diseños cargados de color y glamur.

Por el origen italiano de la víctima y probablemente en pos de generar un impacto extra en una noticia, ya de por sí terrible, se especuló con que la mafia podría tener algo que ver con la muerte de Versace.

Un detalle contribuyó a esa idea. Caída junto a su cuerpo, además de las llaves de la mansión y los diarios y revistas que el diseñador había comprado aquella mañana, fue hallada muerta una paloma blanca. Inmediatamente, se creyó ver un mensaje macabro y una conexión directa con la mafia calabresa.

De hecho, en un libro conocido en 2010, la polémica sobre la hipótesis mafiosa volvió al ruedo. Giuseppe Di Bella, un ex miembro de la «´Ndrangheta» —nombre de la mafia de Calabria—, publicó *Metastasi*, donde afirma que el modisto tenía una importante deuda con el padrino Paolo de Stefano, y que, quizá, el asesino podría haber actuado como sicario. Incluso, Mersiha Colakovic utilizó una identidad falsa la primera vez que declaró ante la policía de Miami, por temor a ser testigo de un hecho mafioso.

Más aún. En la alocada carrera por atrapar al homicida, se encarceló por unas horas al hijo del conocido humorista español Andrés Pajares, Andrés Pajares Bruguera, por su gran parecido físico con el asesino. Pajares Bruguera estaba en Nueva York, donde estudiaba arte dramático, cuando fue arrestado durante unas horas. Según le dijo al diario *El Mundo*, lo llevaron a una comisaría debajo de las Torres Gemelas y todo se aclaró cuando se presentó el vicecónsul de España. Como el asesino podía moverse con identificaciones falsas y cambiaba con gran habilidad su aspecto, resultó fácil confundirlo con el actor.

Mientras transcurría la hipótesis de la mafia y se detenía por error a Pajares Bruguera, corría el tiempo. Y si cada hora cuenta, después de un crimen de estas características, el asesino había ganado un tiempo valioso que estaba usando a su favor.

El mismo 15 de julio, la policía de Miami encontró en un parking municipal cercano a Casa Casuarina, la *pick-up* de un hombre que había sido asesinado. Adentro hallaron pertenencias de un tal Andrew Phillip Cunanan, un pasaporte falso y recortes de los periódicos con las noticias de sus asesinatos anteriores. Urgía detenerle antes de que su sed de sadismo y de violencia se saciara con otra víctima.

A esta altura de los acontecimientos y, gracias a la investigación que venían llevando adelante los detectives de Minnesota, Illinois y New Jersey —los lugares donde ya había cometido los otros crímenes—, estaba confirmada la identidad camaleónica del asesino. No era para menos, Andrew Cunanan estaba en la lista de los diez criminales más buscados por el FBI desde hacía más de un mes.

Y el cerco se cerró alrededor de él un 18 de julio de 1997, tres días después del asesinato de Versace, cuando fue montado un gran dispositivo para atraparle en la península de Florida, que incluía hasta una requisa de cada auto que entrara y saliera de la ciudad. En esas circunstancias, la única alternativa de Cunanan era pasar inadvertido el mayor tiempo posible o esperar hasta que la policía se distrajera o bajara la guardia.

Hola, ¿qué tal?

A lo largo de toda la investigación policial y después en la especulación de los medios, los guiones para series y los libros publicados sobre este asesinato, el tema central para establecer el móvil del crimen —que aún no ha sido dilucidado— era si Versace y Cunanan se conocían. Los hechos y las circunstancias no despejan las dudas.

Por un lado, por la facilidad de Cunanan para la mentira, que hacía probable que él mismo mezclara en su memoria los propios inventos con la vida real. Y por otro, porque la vida de una persona tan famosa como Versace permitía suponer que mucha gente que deseaba acercarse para intercambiar apenas un «hola, ¿qué tal?» con él después alardeara de haberle conocido sin ser cierto.

¿Era Cunanan uno de esos admiradores que se acercaban al famoso diseñador? Del increíble volumen de experiencias incomprobables, el asesino dio varias veces la versión de cómo él y Versace se conocieron. Según Cunanan, ambos habían conversado animadamente en el club nocturno gay Colossus de San Francisco en algún momento de 1990, siete años antes del asesinato.

Esto es lo que aseguró la periodista de la revista *Vanity Fair* y autora de *Vulgar Favors*, Maureen Orth, después del crimen. Ella reconstruyó el encuentro, que habría ocurrido en la sala VIP de Colossus, a través de testigos, en especial, del abogado Eli Gould, un amigo con quien Cunanan, supuestamente, había ido al lugar.

«El diseñador entró con su séquito, que incluía a Antonio D'Amico y al coreógrafo de la ópera *Capriccio*, para la que Versace había diseñado el vestuario, Val Caniparoli , que enseguida les presentaría a varias personas. Tras unos 15 minutos de charla menor y oleadas de jovencitos que deseaban conocerle, Versace empezó a recorrer la sala con su mirada. Pronto reparó en Andrew Cunanan y Eli Gould, alzó la cabeza y caminó hasta ellos. "Te conozco", le dijo a Andrew. "De Lago di Como, ¿no?"», preguntó luego, según la periodista.

En esa oportunidad, Versace estaba en la ciudad para diseñar los trajes de la Ópera de San Francisco. Sin embargo, no hay forma de saber si este encuentro realmente ocurrió, más allá de la investigación de Orth. Porque, esto sí ha sido comprobado, Cunanan nunca estuvo en Lago di Como (Italia), por lo que puede especularse que también Versace creyó ver en el joven Andrew a alguien que había conocido en otro sitio.

Como sea, la familia Versace asegura que la víctima y el victimario no se habían encontrado nunca. Incluso, Antonio D´Amico, su pareja, quien admitió que solían contratar prostitutos, también negó siempre y categóricamente que Cunanan hubiera estado dentro de la nómina.

Así es como el móvil del asesinato sigue siendo un interrogante. Si nunca se habían conocido, ¿qué motivo podía tener Cunanan para matarle? Pero la pregunta también confunde; ya que muchos asesinos en serie matan a personas que no han visto en su vida. Así es probable que lo haya asesinado por estar obsesionado con él, debido a su personalidad, a su carisma o a su fortuna; o que solo haya querido matar a un rico y famoso por rencor o para ganar popularidad. No hay certeza sobre la causa del crimen.

"No se esconde, quiere que lo vean"

Tras el asesinato de Versace, el FBI y la policía de todos los estados que buscaban a Cunanan reforzaron sus esfuerzos para encontrarle. En una ficha de esa oficina distribuida el 17 de julio, se ofrecían 10.000 dólares para quien facilitara información que permitiera atraparle. Junto a una foto actualizada del asesino, se incluía una breve descripción de sus crímenes, se advertía que estaba armado y que era peligroso, y se aclaraba que podía cambiar fácilmente de aspecto, por ejemplo, usando gafas de aumento o lentillas.

Lo cierto es que Cunanan hacía ya dos meses que se escondía en Miami Beach y quizá supuso que las cosas podrían seguir como hasta entonces. En los últimos tiempos, se alojaba en un hotel de la Collins Avenue, que había perdido todo el brillo que alguna vez supo tener, revestido con estuco rosa y con habitaciones que apenas cumplían los requerimientos diarios de limpieza. Allí se hospedó con un nombre falso, pasaporte francés y carné de conducir estadounidense.

Otras fuentes aseguran que Cunanan era cliente de una pizzería próxima al hotel y de un sex shop donde compraba revistas pornográficas orientadas al público gay. Durante su estancia en el hotel, hizo amistad con Ronnie, otro de los pasajeros, con quien eventualmente compartió el consumo de drogas.

Conocido por la policía de Miami por delitos menores y prostitución, Ronnie fue interrogado sobre su relación con el asesino. Pero su aporte no alcanzó para poder atraparle: Ronnie sabía que Cunanan se dedicaba a la prostitución; sin embargo, desconocía que hubiera matado a cinco personas. De hecho, declaró: «Andrew quería que todo el mundo se enterase de su dolor», con relación al estigma de su orientación sexual y sus traumas infantiles, y agregó: «No se esconde, quiere que lo vean». Para el sábado 19 de julio, la recompensa por dar información sobre dónde podría esconderse el asesino subió a 65.000 dólares.

Cunanan era un tipo polifacético, culto y camaleónico: hablaba inglés, francés y español, podía tomar un aspecto vulgar o elegante y pasar por latino o asiático. Era versátil e inteligente, pero la policía había estrechado filas para encontrarle, y las argucias que hasta ahora había utilizado para desaparecer a la vista de todos ya no le estaban dando resultado.

Tras el crimen de Versace, Cunanan dejó su habitación en el hotel de Collins Avenue y buscó un nuevo refugio. La ciudad ofrecía una variedad de lugares que solo eran habitados por temporadas y resultaban fáciles de usurpar. Así es que, tras intentar entrar en algunas de las viviendas que parecían deshabitadas, tuvo suerte en una casa flotante.

Fue en el 5250 de la misma avenida, en uno de estos sitios que parecían estar desocupados desde hacía algún tiempo, aunque el lugar no tuviera aspecto de estar abandonado y, muchos menos, de ser una guarida. Cunanan se acercó como si acabara de rentarla, estiró la mano y sencillamente, una de las puertas cedió al primer intento. Adentro encontró tranquilidad y todo lo necesario para sobrevivir. Pensaba quedarse allí hasta que las aguas se aquietaran un poco.

Sin embargo, la búsqueda se volvió encarnizada y la policía contó con la colaboración de la comunidad. De hecho, durante los días que duró la pesquisa, fueron cientos las personas que se comunicaron con el departamento local de policía diciendo que habían visto al asesino en un bar, haciendo compras o en la playa. Puede que alguna de esas llamadas advirtiera realmente la presencia de Cunanan, pero casi todas resultaban inconducentes y cuando la autoridad llegaba al lugar, el joven señalado ya se había escurrido.

En este juego del gato y el ratón pasaron seis días en los que el asesino, aun de a ratos, salía a aprovisionarse. Es más, incluso, hubo quien creyó haberle visto bien camuflado en alguna de las discos gay. Pero a medida que crecía el estupor por la muerte de Versace y la prensa filtraba más y más datos sobre las muertes anteriores, la paranoia se convirtió en una espiral ascendente.

Todos los noticieros, en todos los horarios, transmitían detalles de los asesinatos, notas con padres de las víctimas o bien allegados, esposas, amigos, quienes recalcaban, una y otra vez, que el asesino estaba cercado.

Intentando escapar hacia ningún lado, Cunanan quedó entonces encerrado en su propio laberinto. La reclusión, el bombardeo inaudito de los medios y, finalmente, el hambre, mellaron gravemente su delicado equilibrio mental.

Desde el domingo 20 de julio, Cunanan resistía en la casa flotante, comiendo las sobras de los días anteriores, mientras los helicópteros sobrevolaban la zona en su búsqueda y los noticieros —a esta altura, «malditos noticieros»— anunciaban su inminente captura. El miércoles 23 de julio de 1997, Fernando Carreira, el cuidador de las casas flotantes sobre Collins Avenue, creyó ver una luz en la vivienda que usurpaba Cunanan, lo que llamó su atención dado que él sabía con certeza que estaba vacía.

Decidió entrar y tras pasar la puerta, percibió el desorden y pensó que alguien había entrado a robar. Con su arma en la mano, Carreira se animó un poco más, pero el feroz disparo de una pistola calibre 40 le asustó y le hizo retroceder.

«La policía encontró el cuerpo porque yo la llamé», recordaría años después Carreira, con cierto orgullo. En una entrevista realizada por el canal de Miami Local 10, difundida a 20 años de la muerte de Versace, el hombre, de 91 años, contó que le dijo a su esposa «alguien ha venido ya» y que se fue a ver de quién se trataba. Agregó: «Pensé que era alguien que trató de disparar contra mí y falló». Inmediatamente después del ataque, Carreira llamó a la policía.

Tras escuchar desde la habitación del primer piso que alguien estaba entrando a la casa flotante, Cunanan decidió no esperar a que la policía viniera por él. Como se dijo, era sumamente inteligente y no cuesta imaginar que sopesó todas sus posibilidades en un instante.

Pasaría su futuro irremediablemente tras las rejas y con alta probabilidad de permanecer en una cárcel de máxima seguridad. Y, para ensombrecer más aquel panorama, le esperaba algo aún peor. Tras años de estar abolida, en 1976, Florida había vuelto a instaurar la pena de muerte, por lo que Cunanan no dudaba de su destino. Acorralado, echado en la cama, tomó la pistola semiautomática Taurus PT100, calibre 40, que le había robado a su primera víctima, el marino Jeff Trail, introdujo el cañón en la boca y disparó.

En menos de quince minutos, la policía, el FBI y un equipo SWAT llegaron a la Collins Avenue, arrojaron gran cantidad de gas lacrimógeno e irrumpieron en la ya silenciosa casa, ahora pestilente y sombría.

George Navarro, jefe del equipo de investigaciones del FBI, recordaría aquel momento en una entrevista al ABC News:

«Cuando ingresamos por primera vez a la casa, tuvimos que retroceder porque el olor a combustible era muy fuerte. Parecía que el cuerpo había estado allí durante varios días». Prosiguió:

«Subí la escalera y allí encontramos a Andrew Cunanan tumbado en la cama... La posición de la pistola era consistente con alguien que se había pegado un tiro en la boca».

Sin embargo, no hubo nota final, ni arrepentimiento, ni mucho menos, culpa. Los restos de Cunanan fueron cremados y sus cenizas se conservan en el mausoleo del cementerio católico de Holy Cross en San Diego, California.

Capítulo 3

EL ASESINO

«**Después de mí, el diluvio.**»
ANDREW PHILLIP CUNANAN

A ndrew Phillip Cunanan nació en la pequeña ciudad de National City, California, el 31 de agosto de 1969. Era el cuarto hijo del matrimonio formado por Mary Ann Schilacci, estadounidense de ascendencia italiana, y Modesto Cunanan, también estadounidense, pero de origen filipino.

A fines de los años 60, National City era una ciudad con poco más de 43.000 habitantes, de los cuales el 19% era de origen filipino. Los Cunanan vivían allí junto a sus cuatro hijos: Christopher, Elena, Regina y el pequeño Andrew, quien a pesar de ser el benjamín de la familia, comenzó a ocupar un lugar de privilegio con respecto a sus hermanos.

Mientras vecinos y allegados consideraban a los Cunanan como a una familia perfecta, puertas adentro la vida era muy diferente. Modesto se había desempeñado en el cuerpo de *marines* y para el nacimiento de Andrew estaba de servicio, por lo que debió conocer a su hijo poco antes de que este cumpliera un año. Puede sospecharse que la culpa de no haber estado para el parto, o las peleas cada vez más seguidas con su esposa fueron las causas que le llevaron a ignorar a sus hijos mayores, al punto de decir que Elena no era hija suya y preferir incondicionalmente a Andrew.

Uno de sus biógrafos, el escritor, actor y crítico estadounidense Gary Indiana, asegura que Cunanan no tuvo «la típica infancia que se le endilga a los asesinos más crueles. Él no experimentó traumas tempranos, ni fue abusado sexualmente durante su niñez». Desde su mirada, lo disfuncional de su familia era el origen étnico de sus padres.

Su mamá era de ascendencia italiana, conservadora y muy religiosa; mientras que Modesto, su padre, tenía un pensamiento más liberal, no era lo que se dice religioso practicante, y además era celoso hasta lo patológico, y regañaba a su esposa Mary Ann casi a diario por supuestas infidelidades. Estas peleas sumían a la señora Schilacci en largos períodos depresivos que, con el tiempo, Andrew sentiría como una debilidad por parte de su madre.

Los niños soportaban las peleas cotidianas y se adaptaron como pudieron a vivir en distintos lugares de San Diego, en la búsqueda permanente de una casa más barata o de un vecindario más accesible. Sin embargo, hacia 1973 falleció el padre de Mary Ann y dejó una herencia que cambiaría radicalmente la vida de la familia. Con el dinero obtenido, los Cunanan se mudaron a la pequeña ciudad de Bonita, en California, y estabilizaron su economía por un largo período.

Modesto, que se encontraba luchando en la Guerra de Vietnam, logró la baja y consiguió un permiso para trabajar en el mercado bursátil. Si bien la familia nunca superó las peleas por los celos y los largos meses de depresión de la madre, el bienestar económico trajo un poco de paz a todos ellos.

Puede afirmarse que esta época de bonanza fue capitalizada principalmente por Andrew, quien, a comparación de sus hermanos, vestía siempre bien, iba a una buena escuela y conseguía lo que deseaba, materialmente hablando, de estos padres que

Apartamento que Andrew Cunanan compartía con Eric Freeman en el 1234 de la avenida Robinson de la ciudad de San Diego, California.

habían tenido que restringirse con sus hijos mayores y sobreprotegían al menor.

El pequeño Andrew era, ya desde muy corta edad, capaz de aprender de todo lo que le rodeaba. Cuando los gritos en el hogar sobrepasaban su tolerancia, se encerraba en su cuarto, donde los cómics y las novelas de ficción combatían su pena. De adulto, afirmaba que fueron esas peleas conyugales las que le echaron de su casa. «Me fui apenas pude —repetía a sus amigos—. Y no cometeré los mismos errores. Nunca me casaré».

Al terminar la escuela primaria, Andrew se había convertido en un chico diferente: destacaba de sus compañeros de clases por su aplicación y buenas notas, pero al mismo tiempo mentía de forma contumaz e inventaba toda clase de historias.

Aquel mundo de fantasía, donde se refugiaba para huir de las discusiones de sus padres, dio paso a una imaginación riquísima, en la que todo era posible. Inventó entonces una vida extravagante, paralela, que generaba fascinación y envidia entre sus pares, quienes finalmente se reían de aquellas invenciones, aunque a sus espaldas. Sin embargo, Andrew, lejos de sentirse mal por estas reacciones, subía la apuesta: en una oportunidad le pidió a Mary Ann, su madre, que colocara langosta en la lonchera de su almuerzo. Así, mientras sus amigos comían los clásicos sándwiches de atún o mantequilla de maní, él disfrutaría de un manjar digno de gente rica y sofisticada. En 1997, durante una entrevista con ABC News, Christopher Cunanan, hermano de Andrew, confirmó este lugar de privilegio sentenciando: «Era el orgullo de mi padre».

CI 147, más que listo

Con un Cociente Intelectual de 147, el benjamín de los Cunanan, no solo brillaba en sus calificaciones escolares sino que, a pesar de su corta edad se mantenía informado de lo que sucedía en el mundo, se interesaba por el arte, era bueno en matemática, especialmente en geometría. Al hablar con ABC News, Christopher Cunanan lo confirmó: «Era muy inteligente. Cuando tenía unos 10 años ya había leído y memorizado varias enciclopedias. Podía responder casi cualquier pregunta».

El psicólogo rumano-estadounidense David Wechsler, autor de la escala de inteligencia que lleva su nombre, detalla que el CI 145 es «el límite que distingue al profesional común de más alto rango intelectual de la media entre los científicos y los genios socialmente incomprendidos. A partir de ese puntaje, empieza a emerger una forma radical de pensar con respecto a los demás grupos, a la par que se incrementan otro tipo de problemas psicológicos derivados». De hecho, la escala de inteligencia denomina al rango que va del 140 al 154 CI como «genialidad intelectual».

Puede que sus padres notaran que Andrew era distinto del resto o que solo quisieran mimarle, lo cierto es que cuando llegó la hora de comenzar la secundaria, el muchacho tuvo una ventaja significativa sobre sus hermanos: fue anotado en la escuela independiente The Bishop's School en el exclusivo barrio de La Jolla, en San Diego.

Quizá se caiga en el lugar común al admitir que la escuela secundaria fue como una bisagra, un antes y un después en la vida de Andrew, pero no es más que la verdad. En el nuevo ámbito, todas sus historias de vida de un lujo extravagante fueron inoculadas en dosis pequeñas y hubo hasta quien creyó que el nuevo compañero era realmente hijo de un multimillonario.

Paralelamente, además de mentiroso patológico, el joven Andrew era atractivo, divertido, por demás inteligente y muy educado. Al declarar tempranamente que no le interesaban las muchachas, solo conservó dos o tres buenos amigos y muchas jóvenes a las que veía como iguales. Dada su extroversión, sus compañeros le recuerdan como una suerte de bufón, que disfrutaba mostrándose y llamando la atención.

De sus años de secundaria, también proviene la facilidad de Andrew para cambiar de apariencia: era capaz de mimetizarse con el lugar al que quería ir, tanto fuera lujoso y culto como vulgar. Además, ya con solo 15 años visitaba asiduamente los bares gays y ahí fue donde empezó a cultivar y a crear «otros» Andrews. Como durante unos años rechazó su origen filipino, insistía en que era latino y hasta se presentaba como Andrew Da Silva o David Morales, según conviniera a sus intereses.

La siguiente anécdota de la foto del anuario escolar, quizá lo muestre tal cual era. Mientras todos sus compañeros posaban con una sonrisa y de uniforme para la foto oficial del colegio, él se desabrochó la camisa, se aflojó la corbata y se mostró de manera desfachatada. Sobre la foto puede leerse la leyenda «buen cuerpo». Y en el anuario de la escuela, una frase del propio Cunanan, en francés: «Après moi, le déluge» («Después de mí, el diluvio»), frase atribuida a Luis XV o a su amante, Madame de Pompadour, y luego parafraseada por otros personajes de la historia francesa. Paralelamente, en sus ratos libres, el joven leía y memorizaba pasajes de la Biblia, porque su madre le había inculcado que solo así podría ser esa persona superior que estaba predestinada a ser.

En 1987, tras graduarse con honores en la secundaria, Andrew se inscribió en la Universidad de California, en San Diego, y se apuntó al curso Historia de Estados Unidos. Pero no fue constante y abandonó los estudios para mudarse al Distrito Castro, también conocido como Eureka Valley, en San Francisco, donde la comunidad gay tiene un reducto coqueto y exclusivo.

Allí comenzó a prostituirse aceptando, en la medida de lo posible, clientes de muy alto nivel adquisitivo quienes, además de sus favores sexuales, pagaran por la compañía del atractivo Andrew en salidas con amigos, eventos culturales y fiestas. Aunque sus padres sospechaban que la vida de su hijo no era como la imaginaban, el menor de los Cunanan se movía cómodamente llevando una doble vida, mezcla de gigoló e hijo modelo.

Problemas financieros en la familia

Cuando dejó su servicio en la Marina, Modesto Cunanan comenzó a trabajar como corredor de bolsa. Y le fue muy bien. Eso sostuvo por un tiempo el ritmo de vida al que habían accedido tras el cobro de la herencia proveniente del abuelo materno. Sin embargo, tales ganancias no eran genuinas, es decir, obra exclusiva del trabajo.

Modesto incurría una y otra vez en delitos financieros para hacerse de sus regalías, hasta que fue descubierto en 1988. Entonces, en un rapto llamativo de egoísmo y desinterés, y sin siquiera alertar a su familia, vendió la casa y los bienes que había adquirido y se volvió a Filipinas, de donde era muy poco probable que fuera extraditado.

Así fue como mamá Mary Ann y Andrew, por entonces únicos habitantes de la casa familiar, se quedaron en la calle y sin ningún sostén económico.

Fue asimismo por esos días que Andrew decidió dejar de ocultar su homosexualidad, información que devastó la conciencia conservadora de su madre, quien nunca volvió a ser la misma. En una agria discusión sobre cómo el muchacho había desarrollado su afición a los bares gay y a la compañía masculina, Andrew empujó a su madre contra la pared con tanta fuerza que le dislocó el hombro. Y aunque luego intentó redimirse acompañándola al hospital y cuidándola tras el golpe, Mary Ann cayó en un estado depresivo del que nunca logró reponerse totalmente.

También para Andrew este episodio dejó secuelas: puso de manifiesto su comportamiento antisocial y reveló un trastorno de personalidad que no había aflorado del todo aún. Andrew, al parecer, carecía totalmente de lo que se conoce como «empatía», algo propio de un carácter psicopático.

Luego de un tiempo de intentar alcanzar sin éxito la vida glamurosa a la que aspiraba, el muchacho se fue al otro lado del mundo a buscar a su padre y con el poco dinero que tenía sacó un pasaje a Manila. Suponía que Modesto estaría en condiciones financieras para costear el boleto de regreso a Estados Unidos y que podría darle un aventón en lo económico.

Nada más lejos de la realidad. Al viajar desde Manila, capital de Filipinas, a la isla de Mindanao, donde residía su padre, Andrew agotó su reserva financiera: tuvo que tomar otro avión y luego un taxi que lo depositara en Plaridel, el barrio humilde en el que Modesto sobrevivía a expensas de un hermano.

Al llegar, la decepción fue total: su padre vivía en un lugar paupérrimo, sucio y hasta él mismo tenía un terrible aspecto de abandono. Esa versión de Modesto era lo último que Andrew hubiera querido ver. Aquel padre que todo lo podía, de carácter firme, el que le había inculcado que «tenía que ser alguien en la vida» estaba en la ruina y vivía en medio de la mugre. Andrew no pudo compartir demasiado con ese hombre al que prácticamente desconocía y se propuso volver a San Francisco. Sin medios económicos, el muchacho recurrió a la prostitución, tanto en Mindanao como en Manila, hasta que ahorró la suficiente cantidad de dinero para regresar.

Fue en esta época de prostitución en Filipinas cuando Andrew habría tomado conciencia de lo que significa la palabra «humillación». Si bien había tenido encuentros sexuales con hombres a cambio de dinero en su país natal, estos se habían dado en el contexto de una comunidad gay aceptada, donde los hombres se presentaban pulcros y atractivos. Sus andanzas en Filipinas fueron muy distintas: la clientela era sucia y los encuentros no se producían en apartamentos ordenados, sino en las calles, en los bares o en habitaciones de mala muerte.

San Francisco, *mon amour*

Apenas pudo reunir el dinero para el pasaje, Andrew volvió a su querido San Francisco, ciudad que, además de ser hermosa, era ya desde la década de 1960, lugar gay por excelencia. Pero, muchas

Andrew Cunanan era un adolescente inteligente y rebelde. Así se muestra en esta foto tomada en 1987 en The Bishop's School, en La Jolla. Los compañeros le eligieron como «El estudiante más probable de ser recordado». Uno de ellos escribió en la foto: "Buen cuerpo" (J. K. *Nice body*).

cosas habían cambiado en él internamente, ya no era el mismo muchacho que había salido en busca de la ayuda de su padre.

Andrew capitalizó la experiencia «sucia» y traumática vivida en las calles de Mindanao y de Manila, y volvió a su rutina patológica de inventar vidas y personalidades. Ahora adoptó una nueva, la del teniente Drew Cummings, cuyos intereses eran las prácticas sexuales sadomasoquistas y la pornografía dura.

Como el teniente Cummings, Cunanan se dedicaba a las orgías y, junto a sus amigos, se dejaba sodomizar y atar; inclusive, participó en algunos videos pornográficos caseros. Para utilizar el léxico sadomasoquista, Andrew se convirtió en un «esclavo», el último eslabón en la cadena de una existencia que se estaba dirigiendo paso a paso al borde del abismo. Según Wensley Clarkson, autor del libro *Death at Every Stop* (1997), el primero que narra los asesinatos de Cunanan, apunta sobre su época de esclavo sexual: «En una de las más perturbadoras escenas, era torturado físicamente por varios hombres (...) lo violaban en grupo».

Por otra parte, Cunanan siguió buscando un patrocinador para sus caprichos. Para ello debía trabar relación con hombres maduros, de mucho dinero, que pudieran pagar verdaderas fortunas por la compañía de un gay altamente experimentado y joven al mismo tiempo. Su amigo, el abogado Eli Gould, el mismo que lo habría acompañado en el bar Colossus según Maureen Orth en ese hipotético encuentro con Gianni Versace, fue quien le entreabrió la puerta al mundo de conexiones sociales. Y el resto lo hizo él mismo: era inteligente, guapo, joven y seductor. Pronto empezó a moverse en los más altos círculos sociales de San Francisco y su área de influencia.

Pasada la etapa del furor sexual y las orgías, cuando ya había quedado muy atrás la humillación sufrida en Filipinas, Cunanan dio un paso más allá. Después de haberse desempeñado como esclavo sexual, viró su rol y se convirtió en «dominador o amo».

Probablemente experimentado como venganza, este tiempo estuvo acompañado además de un profuso consumo de drogas que continuaría en el futuro. El Andrew siempre amable y solícito se convirtió desde entonces y para siempre en un ser oscuro, que vivía enojado y que tenía perturbadores ataques de furia.

Su gusto por la cocaína, la metanfetamina y, especialmente, el Popper —muy popular entre la comunidad gay por producir en pocos minutos un estado de euforia, excitación sexual, hipertensión, vasodilatación y relajación de esfínteres—, lo transformaron en un ser altamente agresivo.

Jeffrey, David y Norman: entre el amor y el trabajo

Eran los años 90 y Cunanan se daba el lujo de brillar en sociedad. Si bien conseguir un empleo no era una opción válida para él, que tenía infundido aquello de que era «una persona especial» como repetía su mamá, más el mandato paterno de tener que «ser alguien», sumado a una experiencia de vida que probablemente ya no tenía vuelta atrás, Andrew ocupaba su tiempo entre tiendas de ropa cara y las camas de ricos y famosos que debían llevar su orientación gay en secreto. En esos círculos, Andrew era presentado como «asistente o secretario», mientras disfrutaba de una vida de magnate. Por fin lo había logrado, pero no sería por mucho tiempo.

En ese contexto de despreocupación y *dolce far niente*, Cunanan conoció a Jeffrey Trail, un rubio y atractivo oficial retirado del Ejército. Era 1990. Oriundo de Illinois y con 23 años, Jeffrey recién había salido de la academia y vivía un romance con un compañero, también militar. Asimismo, hacía poco que había «salido del clóset» y probablemente se vio deslumbrado por la procacidad y libertad de Cunanan.

Fue así como en paralelo a su romance con un colega de la fuerza, Jeffrey empezó a relacionarse en secreto con Andrew, a quien veía esporádicamente al principio, aunque sus encuentros se volverían más asiduos con el tiempo.

Trail vivía en Minneapolis y Cunanan en San Francisco, metrópolis que están a gran distancia, por lo que se veían en una u otra ciudad, según la disponibilidad de tiempo y de dinero que tuvieran. En uno de esos largos viajes, Jeffrey Trail conoció a David Madson, un joven arquitecto oriundo de San Francisco, que intentaba abrirse camino, justamente, en la ciudad de Minneapolis. El recién llegado tenía 23 años y rápidamente acaparó la atención de Cunanan, quien sintió inmediatamente que el nuevo amigo de Trail era en realidad el hombre perfecto para él, el amor de su vida.

Sin embargo, las relaciones entre Andrew y Jeffrey comenzaron a complicarse cuando Trail y Madson se hicieron amigos íntimos. Además de tener mucho en común —ambos eran profesionales, jóvenes y exitosos—, es posible que también se hayan enamorado uno del otro. Ante este panorama, Cunanan enfureció: no le parecía aceptable tener que volver a San Francisco y tolerar que ellos estuvieran juntos en la lejana Minneapolis.

Pero, ¿qué obligaba a Cunanan a alejarse de Trail y Madson? Aparentemente, nadie le había dicho que se fuera. La respuesta es sencilla y práctica: el dinero obtenido gracias a una nueva relación que le permitía llevar un ritmo de vida a puro gasto. Para 1994, Andrew había conocido, de entre varios candidatos millonarios con los que flirteaba, a uno muy especial: Norman Blachford. Aunque el propio Cunanan decía en público que solo había curado su arte y que no había nada sexual entre ellos, la realidad mostraba otra cosa.

Norman Blachford era propietario de una compañía de aislamiento acústico, especializada en automóviles para utilizar en películas de cine. Al vender la compañía y retirarse, comenzó a dividir su tiempo entre un rancho en Phoenix, Arizona, y el exclusivo barrio La Jolla, en California. El exempresario —de entonces 58 años, benefactor de la orquesta sinfónica de Phoenix y miembro del prestigioso club social *Gamma Mu*— y Cunanan se conocieron a través de amigos en común y pronto el primero pasó a ser su «mecenas».

Mientras Cunanan curaba a puro arte la nueva mansión, Blachford sostenía al joven con una mensualidad de 2.500 dólares, un auto de lujo a su disposición, viajes frecuentes a Nueva York para ver espectáculos de Broadway, vacaciones en el sur de Francia y tarjetas de crédito sin límite. Había otro elemento que les unía. Cunanan había llegado a la vida de Blachford justo después de que el compañero sentimental del millonario, Lincoln Aston, fuera asesinado por un loco. Nada cuesta imaginar que la muerte violenta de su pareja dejó a Blachford vulnerable y que la aparición del todavía joven Cunanan representó para él una bocanada de vida y aire fresco.

La relación se sostuvo por dos años, en los que Cunanan iba y venía de San Francisco a Minneapolis para ver a Jeffry Trail, y muy especialmente, a su verdadero amor, David Madson. Sin embargo, pasado el duelo por su antiguo compañero, era de esperarse que Blachford descubriera otros aspectos de Cunanan, rasgos muy negativos, que iban más allá de la relación de conveniencia que el exempresario aceptaba. Fue entonces que decidió cortar definitivamente el vínculo y dejar que Cunanan siguiera adelante con sus «supuestos» proyectos y estudios.

Ahora todo volvía al principio para Andrew: otra vez estaba solo y sin dinero. Además, aunque no fueran tantos, los 26 años ya le pesaban en la carrera que había elegido, porque, para dedicarse a la prostitución gay de alto nivel, había que ser joven sí o sí, esa era la única estrella que podía iluminar el corazón de esos hombres ricos, además del sexo y la belleza.

Capítulo 4

PRIMERA Y SEGUNDA VÍCTIMA: CELOS Y MUERTE

«Tuve una gran pelea con Cunanan.
Hice un montón de enemigos este fin de semana.
Me van a matar.»

JEFFREY TRAIL, a su compañero de cuarto
Michael Williams.

Jeffrey Trail, David Madson y Andrew Cunanan eran amigos, al menos así se trataban oficialmente. Pero, en realidad, componían un trío amoroso difícil de congeniar.

Trail y Cunanan, que se conocieron primero, habrían entablado otro tipo de relación. Cunanan reconocía estar enamorado de David Madson, aunque no se sabe si aquel le correspondía o no. Sus biógrafos aseguran que David y Andrew fueron amantes, al menos por un tiempo.

Lo cierto es que mientras sus dos amigos vivían en Minneapolis, Andrew debía atender sus asuntos en San Francisco, distante a más de 2.500 kilómetros. Y es muy posible que los celos hayan agigantado a la distancia una relación que, según Jeffrey Trail, no pasaba de ser una amistad. Según se pudo reconstruir a partir de investigaciones posteriores a las muertes de Trail y de Madson, a mediados de abril de 1997, Cunanan le habría reprochado a Trail una supuesta relación con Madson en una conversación telefónica que mantuvieron.

Jeffrey negó que fuera verdad, pero la respuesta de Cunanan fue contundente «estoy yendo para matarte», dijo, y le anticipó que viajaría a Minneapolis a fines de ese mismo mes.

Según Wensley Clarkson, autor del libro *Death at Every Stop*, la hipótesis del móvil es otra. Andrew habría tomado la secreta decisión de deshacerse de Jeffrey Trail cuando supo que su familia aceptaba su homosexualidad. Es más, ya mientras estaba en la Marina, cuatro años antes, en 1993, Jeffrey Trail había hablado de su homosexualidad en el programa de televisión *48 Horas*, aunque de manera un tanto encubierta. La segunda hipótesis que propone Clarkson es que Trail había decidido separarse de Andrew porque no soportaba que consumiera drogas.

Ciertamente, es probable que la primera idea de Clarkson sea la correcta. Así, mientras Trail no hizo pública su homosexualidad, Cunanan se mostró amigable, cariñoso y protector, pero al conocer la anuencia familiar con el estilo de vida del teniente, estalló en cólera.

Un sentimiento parecido pudo haberle embriagado cuando supo que también el padre de Madson estaba muy lejos de rechazarle por su elección.

El viaje estaba preparado y la decisión tomada. Hay constancia de que, entre el 23 o 24 de abril, antes de ir a ver a sus amigos, Andrew le dijo a un conocido en un bar de San Francisco: «Me voy por un tiempo. Tengo que terminar un negocio». Sacó un pasaje y les avisó a los muchachos que iría a verlos a Minneapolis.

Su examante, el arquitecto David Madson, fue a recogerle al aeropuerto el jueves 26. De alguna manera, con sus delirios de grandeza y mentiras patológicas, Andrew había sido un buen compañero de salidas, generoso y divertido. Aunque entonces las cosas habían cambiado, Madson no quiso ser descortés con Cunanan y hasta ignoró las advertencias de algunos amigos en común, quienes le aseguraron que Andrew «estaba actuando de manera muy rara». Madson pensó que quizá Cunanan se sentía

Posiblemente el único amor de Andrew Cunanan haya sido David Madson, a quien se sospecha que asesinó para seguir huyendo.

solo y que necesitaba un amigo, por eso fue a buscarlo. Jamás le consideró peligroso.

Andrew se alojó en el apartamento de David y todo parecía ser normal hasta que Jeffrey Trail se hizo presente al día siguiente, el viernes 27. Apenas el exmarine arribó al apartamento, la conversación comenzó a subir de tono —los vecinos escucharon algunos gritos alrededor de las diez de la noche—, el aire se puso tenso y Andrew ya no quiso escuchar más las aclaraciones de Jeffrey sobre que él y David solo eran amigos.

De pronto Andrew calló y el silencio reinó solo un momento. Como conocía donde estaba ubicaba cada cosa en la vivienda (Andrew tenía una memoria prodigiosa), se encaminó directo a la cocina, tomó un martillo y sin dar tiempo de reaccionar a ninguno de los dos muchachos, comenzó a pegarle a Trail en la cabeza con todas sus fuerzas.

Los martillazos le dejaron inconsciente y cayó al piso; una vez allí, la ferocidad del arma y la fuerza incontrolable del asesino, terminaron por liquidar a Jeffrey Trail. David Madson observaba la escena paralizado de horror: Jeffrey yacía en el suelo con la cabeza destrozada a martillazos mientras Andrew iba recuperando lentamente su aspecto de «todo está bien», como si de pronto la furia se hubiera aplacado luego del estallido. ¿Qué iba a pasar ahora? ¿Le tocaría a él? ¿Iba a morir?

Es difícil imaginar la escena y experimentar el terror que debe haber sentido Madson. Pero nada sucedió. El asesino prometió que nada le pasaría si le ayudaba a deshacerse del cuerpo. Aunque no sabemos cuál fue su participación, solo suponemos, negarse no parecía ser una opción para David Madson; así que el arquitecto ayudó a Cunanan a envolver el cuerpo de Jeffrey Trail en una alfombra, arrumbar el bulto detrás de un sofá y fingir que nada había pasado allí y que todo seguía igual.

Si Madson hizo intentos por escapar o llamar a la policía, nadie lo sabe. Lo cierto es que durante 48 horas el cadáver siguió en el mismo lugar, allí detrás del sillón, cubierto por una alfombra verde y que ellos, aparentemente, continuaron como si nada hubiera sucedido. La verdad es que nadie iría a buscar a Andrew Cunanan, no al menos por un tiempo; pero David Madson era cumplidor en su trabajo y después dos días de una ausencia sin aviso, alguien preguntaría por él.

Y así fue, sus compañeros y jefes comenzaron a preocuparse. Al sospechar que algo malo podría haberle pasado, los jefes se contactaron con el administrador del edificio donde vivía a fin de que averiguara qué estaba pasando. A pesar de los requerimientos del encargado, sin embargo, nadie respondió al llamado ni abrió la puerta, y la alarma empezó a crecer. Finalmente, tras varias advertencias, el administrador y varios vecinos forzaron la puerta y entraron al apartamento, que estaba vacío. Pero no llegaron a descubrir el cadáver, aunque vieron las salpicaduras de sangre en la pared y en el piso, de modo que pensaron, con lógica, que alguien había entrado y asesinado a David Madson.

La policía realizó el hallazgo del cuerpo tres días después del homicidio y recién entonces descubrió que el cadáver no era el del arquitecto, como habían pensado, sino el del exmarine Jeffrey Trail, por lo que ahora supusieron que David Madson había sido el homicida. Esta fue la primera hipótesis de los investigadores.

Pero parecía más grave aún. Al interrogar a los vecinos, surgió el horror: muchos de ellos recordaban haber visto a David Manson entrar y salir del edificio junto a otro hombre, un desconocido, y desenvolverse con total naturalidad. Parecía haber una buena relación entre ellos. Incluso, les habían visto paseando el perro de Madson. Solo después se supo, o se dedujo más bien, que Madson había permanecido secuestrado en su propio apartamento y que cada vez que salía, no lo hacía solo, sino junto a Andrew Cunanan, quien le mantenía encañonado con el arma que le había robado a la víctima, Jeffrey Trail. Testigo de un homicidio atroz y secuestrado por ese loco, David Madson estaba ahora atado de pies y manos, mientras Andrew Cunanan se iba haciendo dueño de la situación, cada vez con más violencia y mayor seguridad en sí mismo.

Un viaje al infierno

Mientras los hombres permanecieron en el apartamento, el teléfono no paró de acumular mensajes y la estancia se iba volviendo cada vez más tensa. ¿Cuánto tiempo iba a pasar hasta que Andrew Cunanan se entregara a la policía o huyera y dejara que Madson le delatara? En el itinerario mental de Cunanan, eso no podía suceder de ninguna manera. Ahora estaban juntos al fin: ambos iban a escapar y empezar su relación de cero, y para cuando la policía descubriera el cuerpo de Jeffrey Trail, ellos dos ya estarían libres del otro lado de la frontera y unidos para siempre.

Es probable que estas hayan sido las ideas que rondaban la cabeza de Cunanan, cada vez más seguro como asesino, pero al mismo tiempo más frágil y con menos lucidez.

A pesar de lo que pensara Andrew Cunanan, los planes cambiaron por completo cuando los vecinos comenzaron a golpear la puerta insistentemente: la policía llegaría en poco tiempo y forzaría la entrada. Fue entonces cuando Andrew y David esperaron a que la gente del edificio se fuera para coger después el jeep Cherokee rojo de Madson y simplemente huir lo más lejos posible de allí. ¿Fue solo idea de Andrew Cunanan? Muy probablemente. Al fin de cuentas, Madson era de algún modo o un cómplice por no haber entregado a su amigo, o alguien secuestrado, si es que no había tenido opción de elegir.

Viajando en línea recta hacia el Norte, Canadá los esperaba a escasos 500 km, poco más de seis horas en coche. Cunanan decía tener todo solucionado e intentaba tranquilizar a Madson quien, es de suponerse, a esta altura de los acontecimientos, estaba fuera de sí y aterrorizado.

Al salir de la ciudad de Minneapolis, Cunanan se dirigió al noroeste, por la Ruta Interestatal 94 y en algún momento del camino, viró hacia el Norte. Puede que Madson haya pensado que iba a ser un rehén del homicida para siempre o que haya intentado que cambiara de actitud, lo ignoramos. Lo cierto es que al llegar a las cercanías del lago Rush, el paisaje solitario hizo cambiar en un instante los planes que tenía en su cabeza Andrew Cunanan.

Faltaba poco para ser libre junto a David. Sin embargo, después de recorrer alrededor de 300 km, Andrew frenó de repente a un costado del camino y abrió la puerta del jeep. Quizá pensó que, si liberaba a David y le permitía volver a su vida anterior, él podría aclarar las cosas con la policía y convencerla de que había sido secuestrado y que nada tenía que ver con la muerte del exmarine. Es decir, se le ocurrió que podría traicionarle.

También, es probable que hayan cruzado una última mirada de cazador y presa, o que con la vista baja David haya sentido el empujón con el que su examigo lo expulsaba de su propio jeep. Desconocemos si medió o no palabra, no hubo testigos.

Lo que los datos de la investigación señalan por las pruebas halladas más tarde es que el joven arquitecto dio un par de pasos fuera del coche. Entonces se sintió libre y se apuró para alejarse de su destino, pero no fue a ningún sitio. Dos impactos le derribaron inmediatamente al suelo. Por la espalda, Cunanan descargó varias veces el arma. Y, presumiblemente, con un último disparo, le remató, sin dejo de culpa ni remordimientos. Era el final. Y sin perder tiempo, un inmutable Andrew Cunanan abandonó la idea de alejarse y se dirigió hacia la ciudad de Chicago. Allí tendría otra cita con la muerte.

Las pistas

El sábado 3 de mayo la policía encontró el cuerpo del arquitecto a un costado del camino y descartó muchas de las hipótesis con las que venía trabajando. Ya no buscaban a David Madson, el supuesto asesino, y a un cómplice, el hombre desconocido. Ahora buscaban a Andrew Cunanan por dos asesinatos.

Reforzó esta teoría el hallazgo de una mochila —otras fuentes señalan que era una valija—, que Cunanan había dejado en el apartamento de David Madson, junto con un mensaje grabado que levantó sospechas. En el contestador telefónico de Madson, la voz de Cunanan pedía, unos días antes de que la locura se desatara, que Jeffrey Trail, David Madson y él se encontraran para hablar de «algunas cosas pendientes». Andrew era un mentiroso patológico, un manipulador y un adicto a las drogas, pero hasta ese momento nada había hecho sospechar que era capaz de cometer dos asesinatos con apenas 72 horas de diferencia. Ahora quedaba claro, era capaz y seguiría matando.

¿Qué pasaba por la cabeza de Cunanan en estos momentos? Del ánimo del asesino por esos días, sus biógrafos destacan que se sentía «verdaderamente en el centro de un tornado». ¿Volvieron a su cabeza esas historias infantiles en las que el vengador salía airoso de todo? ¿Se estaba vengando de alguna falta cometida por sus amigos o, simplemente, había asesinado a dos personas por celos en un ataque de furia? No hay forma de saberlo.

Lo que conocemos es que tras matar a David Madson, Andrew Cunanan retomó la carretera y se encaminó rápidamente hacia la ciudad de Chicago, haciendo solo las paradas indispensables para descansar y comer.

Capítulo 5

TERCERA VÍCTIMA: JUEGO MACABRO

«**Su muerte fue peor que la de Cristo.**»
ANNA MIGLIN, madre de Lee Miglin.

Q uizá el hecho de haber cometido dos asesinatos en los últimos días haya alentado a Cunanan para seguir matando o, simplemente, era una idea siniestra que fue elucubrando a lo largo del camino. Los hechos señalan que, mientras recorría los 952 kilómetros que separan Rush Lake de Chicago, hizo algunas paradas para comunicarse con un cliente suyo, el millonario hombre de negocios Lee Miglin, y que, tras varios intentos infructuosos, logró averiguar que el hombre estaría solo en su casa ese fin de semana para luego asegurarse de que pudiera recibirlo. No eran amigos, pero los dos ya se conocían: en el pasado Miglin habría contratado los servicios sexuales de Cunanan.

Lee Albert Miglin, nacido el 12 de julio de 1924, era un conocido empresario y promotor inmobiliario, que comenzó su carrera a fines de los años 50 como corredor del millonario Arthur Rubloff. Para 1997 Miglin estaba a punto de cumplir 72 años y proyectaba construir en Chicago un imponente rascacielos de 125 pisos.

El sábado 3 o el domingo 4 de mayo de 1997, Cunanan llamó al lujoso apartamento de Miglin y, aunque no existen testimonios ni pruebas de lo que sucedió entre ellos, los investigadores han logrado recrear los acontecimientos.

Después de compartir unas copas o un tentempié, Miglin y Cunanan se dirigieron al garaje de la casa, donde habrían mantenido una relación sexual. Sin embargo, probablemente a instancias de Cunanan, el encuentro no terminó allí, sino que subió de tono con algún aditamento sadomasoquista que el muchacho no tardó en poner en marcha.

Cunanan tomó primero la cabeza de Miglin en sus manos y con cinta adhesiva multipropósito la envolvió y, vuelta a vuelta, fue subiendo las expectativas del hombre que, es de suponer, estaba a la espera de qué sucedería. Es conocido que la asfixia es una práctica habitual para incrementar el placer sexual. ¿Se trataba de eso?

Por último, Cunanan le cubrió la boca y apenas dejó una rendija para que respirara a la altura de las narinas. A continuación, le ató de pies y manos, y le ayudó a tumbarse en el suelo.

Si es posible que hasta este momento Lee Miglin haya confiado en el hacer de Andrew, no se sabe. Los datos de la investigación dicen que fue torturado y apuñalado más de 20 veces con un destornillador. Terminado el martirio, Andrew finalizó la carnicería degollándole con una sierra eléctrica. En esta oportunidad, al igual que lo había hecho en el apartamento de Madson, Andrew no había utilizado ningún arma específica, sino que se limitó a usar las herramientas que encontró en la casa, mejor dicho, en el garaje.

Tras el crimen, Cunanan dejó la propiedad y volvió al apartamento de Miglin. Acto seguido, se bañó, comió y presumiblemente incluso descansó un rato. Luego se dio a la búsqueda por todo el lugar de cosas de valor: halló varias monedas antiguas de oro y algo de dinero (unos 2.000 dólares), que utilizaría para sobrevivir en un próximo destino.

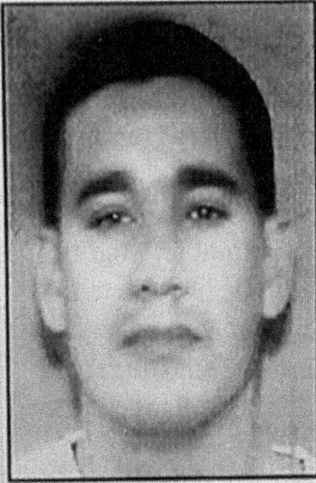

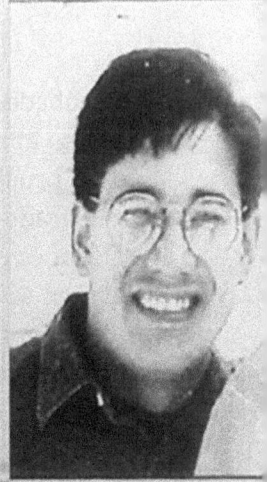

PHOTO TAKEN
APRIL 1997

ANDREW PHILLIP CUNANAN

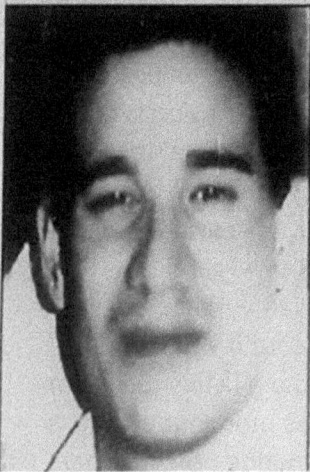

El 5 de mayo de 1997, el FBI ingresa en su lista de
fugitivos a Andrew Phillip Cunanan, el peligroso asesino
que cambiaba su apariencia para seguir huyendo.

Cuando sintió que ya era suficiente, abandonó el jeep que lo había traído hasta Chicago, propiedad de David Madson, y tomó en su lugar el coche de Lee Miglin, un Lexus LS 400. Al salir y a modo de macabra despedida, Cunanan pisó desaprensivamente el cadáver de Miglin con el vehículo de la propia víctima.

Amargo regreso

Marilyn Miglin, había viajado por negocios ese primer fin de semana de mayo de 1997. Emprendedora del sector de cosmética y perfumería, la mujer era presentadora del canal Home Shopping Network, una red de venta televisiva que le tenía entre sus favoritas hacía ya varios años.

Acostumbrada a viajar con asiduidad por todo el país, no le produjo asombro que su esposo prefiriera quedarse en casa ese fin de semana. A pesar de que Marilyn le sugirió que la acompañase, Lee declinó la invitación, excusándose con razones de trabajo. El domingo 4 de mayo Marilyn regresó de Toronto al aeropuerto O'Hare, de Chicago y, como era costumbre, buscó a su esposo en el hall de entrada, pero no lo vio. Decidió entonces esperar unos minutos, pensando que quizá a lo largo de los 27 km que separaban su apartamento del aeropuerto, podría haber ocurrido un accidente o una demora. Lo siguiente que hizo fue llamar por teléfono, pero nadie contestaba, ni en el apartamento ni en el moderno teléfono móvil que Lee usaba en su coche. Todo era muy extraño. Conocía a su marido y sabía que era demasiado sospechoso que no hubiera llegado al aeropuerto ni contestara el teléfono de la casa. La mujer no dudó más. Tomó un taxi y se dirigió al centro de la ciudad.

Apenas entró en la casa supo que las cosas no estaban bien. Conocía bien a Lee, llevaban algo más de 38 años casados y sabía que él era incapaz de dejar la puerta abierta, platos sucios en el fregadero, toallas manchadas tiradas en el piso del baño y hasta un bocadillo a medio comer en la cocina.

Presa ya del peor de los presentimientos, Marilyn Miglin llamó a la policía. Los agentes llegaron, pero por más que revisaron, no encontraron nada sospechoso en la vivienda, más allá del inusual desorden que denunciaba la señora Miglin.

Pero unos minutos después, cuando entraron al garaje, hallaron el cuerpo destrozado del hombre. Había huellas digitales de Cunanan por toda la casa, además del jeep de la víctima anterior, David Madson, en el que el asesino había viajado desde Chicago, que permanecía estacionado a la vuelta del edificio de Miglin.

Este tercer asesinato en cuatro días superó la hipótesis de crimen pasional con el que se especulaba tras las muertes de Jeffrey Trail y David Madson. En este caso, el *modus operandi* era por completo distinto. Se trataba de un ataque feroz, con las características sádicas propias de un crimen sexual y contra un hombre que, cuando mucho, no era más que un simple cliente para Cunanan. ¿Qué razones podía tener el asesino para haber cometido esa serie de atrocidades?

La familia de Miglin se formó su propia idea: para ellos se trató de un robo y un asesinato al azar. Lee había sido víctima de un loco que abusó de un hombre mayor y robó los objetos de valor que halló en la propiedad. Entonces, Adrew Cunanan comenzó rápidamente a aparecer en todos los medios de comunicación: era buscado como un asesino peligroso. La esposa de Lee, que pudo ver fotos con distintas apariencias del asesino para identificarle, negó siempre y categóricamente que Andrew y su esposo se conocieran o se hubieran visto alguna vez. No es de extrañar, sin embargo, que un hombre casado y de la posición de Miglin ocultara las relaciones que mantuvo con Andrew Cunanan.

Debido a las pruebas que le vinculaban con las muertes de Jeffrey Trail, David Madson y, después de Lee Albert Miglin, a partir del 5 de mayo de 1997, Cunanan pasó a ser una de las diez personas más buscadas por el FBI.

Engaño y narcisismo

De ser un niño fantasioso a un sadomasoquista consumado, hay un camino sinuoso e incierto. Pero de ser un muchacho extrovertido y gay, a un asesino, el salto existencial es mayúsculo y difícil de comprender. ¿Qué habrá pasado por la cabeza de Andrew Cunanan para cometer semejantes aberraciones? La respuesta puede encontrarse en la compleja psicopatología del joven asesino.

Cómo era Cunanan en realidad y cómo fue su vida, siempre será un misterio complejo de develar. Todo lo que se conoce de él empezó a hacerse público después de su muerte, cuando varios investigadores se dedicaron a profundizar sobre su vida.

Es probable, incluso, que algunos de ellos reprodujeran anécdotas inventadas o textuales de amigos y conocidos, que apenas se asemejaban a la realidad. Sin embargo, después de los asesinatos y su atroz forma de cometerlos, también hubo intentos de reconstruir no solo las acciones que marcaron su vida, sino también la forma en que se comportaba habitualmente incluso lo que pensaba.

El psicólogo venezolano Juan Pablo Perera ha reconstruido el perfil psicológico de Cunanan tomando como fuente los medios de comunicación y también las series y películas referidas a la personalidad del asesino.

«El comportamiento y conducta de este hombre no podrían considerarse normales en ninguno de los modelos que describen la normalidad de la psique humana (médico, estadístico, psicométrico, biopsicosocial), puesto que las alteraciones encontradas en su personalidad son de tal magnitud que repercuten en la vida de los demás y se alejan del desarrollo esperado y adecuado para convivir en sociedad. Si revisamos el DSM-V (*Diagnostic Statistic Manual*) podemos empezar a comprender el funcionamiento de esta mente criminal en los trastornos de la personalidad, especialmente si estudiamos a fondo la personalidad antisocial».

Cunanan sorprende con su habilidad para mentir y ser deshonesto en sus relaciones interpersonales. Los engaños y manipulaciones a hombres mayores fueron un hábito común para conseguir dinero y otros bienes, a lo que se suma su marcada indiferencia por los actos cometidos. Es de suponerse que no sentía empatía, que no le asaltaba el remordimiento por hacer daño a otros y que carecía de sentimiento de culpa.

«El valor de la responsabilidad era inexistente en él —explica Perera—, así como el control de la impulsividad y la agresividad, conductas que se podían observar al momento de alcanzar alguna frustración (como el no disponer de dinero) o cuando se le contradecía. Asimismo, lo mencionado es suficiente material para diagnosticar a Cunanan con un trastorno de la personalidad antisocial».

Y eso es solo el comienzo, ya que existen incongruencias que llaman la atención de los especialistas. Cunanan utilizaba un patrón para vincularse con los demás: exhibía sus delirios de grandeza, inventaba vidas paralelas y en todas ellas era exitoso, lo que muestra una compleja personalidad narcisista.

«No obstante, el diagnóstico de trastorno de personalidad antisocial con rasgos narcisistas aún no es suficiente para comprender cómo Cunanan llega a planificar y ejecutar el asesinato de Versace —teoriza el psicólogo, especialista en Evaluación de la Personalidad y Evaluación Cognitiva—. Es probable que la personalidad de Cunanan tuviese como base estructural una psicosis, la cual en ningún momento hizo una crisis caracterizada por la presencia de delirios y/o alucinaciones que nos lleve a pensar en una esquizofrenia, sino que se organizó y manifestó en un trastorno de la personalidad».

Dados estos rasgos narcisistas, podemos asumir que Andrew no toleraba el rechazo y que además exigía siempre ser adulado y admirado por todos, como un niño sobreprotegido que a su vez está inmensamente solo. Tras el rechazo de Madson, a quien él señalaba como su gran amor, la frustración se volvió violenta.

Si llevó años planeando los asesinatos o si lo hizo de manera impulsiva no queda claro, aunque puede suponerse que el crimen de Versace tuvo cierta planificación. Desde este punto de vista, Cunanan no sería un homicida común, sino un *serial killer* (asesino en serie), porque siguió cierto patrón al cometer sus crímenes. Todas sus víctimas fueron hombres homosexuales, y de algún modo gays adaptados, personas que habían logrado insertarse en la sociedad con éxito. Pero bien podría ser también lo que se denomina *spree killer* (un asesino relámpago), alguien que mata en diferentes lugares, y solo a veces de manera impulsiva. Versace sería la excepción a la regla, ya que Trail, Madson y Miglin son víctimas más congruentes con un *spree killer*. Del mismo modo que se le considera por el ataque a su próxima víctima, William Reese.

Al sentirse acorralado, Cunanan prefirió salir del juego quitándose la vida. Puede pensarse que al final sintió algo así como un dejo de arrepentimiento, o tal vez fue únicamente miedo, porque sabía que pasaría el resto de su vida en la cárcel y que luego sería ejecutado. O, tal vez, el suicidio fue el último intento por alejarse de una vida de privaciones. Su repentino y trágico final deja muchas preguntas sin respuesta.

Capítulo 6

CUARTA VÍCTIMA: DISPAROS EN EL CEMENTERIO

«Uno de los ancestros de William Reese
peleó en la Guerra Civil y fue sepultado
en el cementerio de Finn's Point.»

The Washington Post, 17 de julio de 1997.

E l 4 de mayo de 1997, un lujoso Lexus 1994 color verde con Cunanan al volante se dirigía al Este. Quizá pensaba pasar unos días en Nueva York, ciudad lo suficientemente grande y poblada en la que, aunque le buscaran, difícilmente le encontrarían dada su capacidad para cambiar de apariencia y mezclarse con los casi siete millones y medio de habitantes de entonces. O, tal vez, solo manejaba para alejarse de Chicago. Huía, es cierto, pero con descuido.

Para los investigadores, el hecho de que Cunanan se hubiera robado el coche de Miglin, constituía una ventaja significativa. El Lexus, identificado con la placa YKD 399, de Illinois, era un automóvil de lujo equipado con un teléfono que podía ser monitoreado. En efecto, el Departamento de Policía de Chicago comenzó a rastrear el Lexus mediante el teléfono. Pero algo falló. En poco menos de un día, la radio y la televisión anunciaban orgullosas que Cunanan estaba «acorralado, gracias a la tecnología satelital» que permitía conocer los movimientos del coche.

Entonces la radio fue quien le informó a Cunanan que debía deshacerse, y rápido, del Lexus de Miglin. Para la policía, la filtración de esta noticia significó un retraso determinante en la búsqueda que volvía al punto de origen: en un país de 272, 9 millones de personas debían encontrar a un hombre que había estado en la ciudad de Chicago, por última vez, el domingo 4 de mayo.

Por robo, otra muerte

Después de manejar durante cinco días hacia el Oeste y tras haber escuchado en la radio que el coche en el que viajaba era fácil de localizar, Cunanan debió encontrar otro medio de transporte. Buscando seguramente un lugar tranquilo y un vehículo acorde a sus necesidades, se fue alejando de los caminos más transitados y se encontró siguiendo a una camioneta roja, propiedad de William Reese, el cuidador del cementerio nacional Finn's Point, en Pennsville, New Jersey.

Luego de ir detrás del vehículo por varios minutos, el asesino vio que Reese, de 45 años, estacionaba su camioneta Chevrolet roja sobre un camino lateral y se dirigía a la cabaña donde tenía su oficina. Cunanan aparcó justo detrás de él y esperó a que se fuera; en ese horario podría pasar como cualquier visitante del cementerio. Cogió su inseparable mochila, cerró el Lexus despreocupadamente y se encaminó a tomar la camioneta, esperando encontrar las llaves puestas.

Sin embargo, Reese pensaba pasar un largo rato en la cabaña, así que no había dejado las llaves en el coche, sino que las tenía consigo. Con la seguridad de estar siendo rastreado y tal vez con el estrés que el viaje le ocasionaba, Cunanan no pudo soportar la frustración. Él solo quería montarse al coche y salir, pero no, necesitaba las llaves y debía enfrentarse con el dueño de la camioneta para obtenerlas.

Podría simplemente haber apuntado con su arma al cuidador y conseguir las llaves, luego de darle un empujón y salir

Newsweek

July 28, 1997 : $2.95

BEHIND THE MASK

THE DARK WORLD OF ANDREW CUNANAN

VERSACE'S LIFE, DEATH AND LEGACY

Los diarios y revistas del mundo se hicieron eco de las noticias: el fugitivo que buscaba el FBI había asesinado esta vez a una de las grandes figuras de la moda. Tapa de la revista *Newsweek*, julio de 1997.

corriendo. Pero ya había probado el placer de sentirse impune y poderoso después de derramar sangre ajena, así que a pesar de que Reese le entregó las llaves de la Chevrolet, Cunanan le asesinó de un certero disparo en la cabeza. Esta vez sería aún más difícil pasar desapercibido, su rostro estaba ya en los medios de comunicación, por lo que se vio obligado a ser más prolijo y no dejar ningún cabo suelto.

Pocas horas después del asesinato, Rebecca, la esposa de Reese, fue a buscarlo a la cabaña y encontró un coche verde en lugar de la camioneta. De inmediato llamó a la policía, quien descubrió el cuerpo, además del coche robado y abandonado, junto con casquillos calibre 40, que coincidían con el arma utilizada en el asesinato de David Madson.

Mientras tanto, el asesino ya estaba en la carretera otra vez. Montado en la pick-up de Reese, Cunanan tuvo una nueva posibilidad de huir, aunque ya no tan tranquilamente como antes, porque en muy poco tiempo buscarían la camioneta del cuidador del cementerio. Puso rumbo sur, su objetivo era llegar a Miami Beach y allí analizar la forma de pasar desapercibido.

Sabía que en pocas horas el número de la matrícula de la Chevrolet robada estaría en conocimiento de la policía de todo el país y especialmente de los Estados de Maryland, Delaware, Carolina del Norte, Carolina del Sur, Pensilvania y Virginia, el paso obligado hacia donde se dirigía. Entonces puso en práctica una estrategia simple pero eficaz. Se detuvo en un supermercado, robó la matrícula de otro coche, en este caso perteneciente a Carolina del Sur, y la colocó en la camioneta. Esto le daría una ventaja en horas o días de tranquilidad.

Capítulo 7

VACACIONES EN MIAMI BEACH

«El asesino en serie vive una vida ordinaria y de pronto descubre que con un acto de violencia extrema (...) se siente vivo por primera vez.»
VICENTE GARRIDO GENOVÉS, especialista en psicología criminal y asesor de casos policiales.

Cunanan llegó a Miami Beach el 12 de mayo. Bajo el nombre falso de Kurt DeMarrs y un pasaporte francés, se alojó en el Normandy Plaza Hotel, en el 6979 de Collins Avenue. El establecimiento tuvo mejores épocas: según anunciaba en la web, allí se hospedaron Marilyn Monroe y Frank Sinatra, y en el hall había fotos de John Wayne y de Clark Gable. En 1997, en cambio, era un hotel barato y venido a menos.

La estrategia de Cunanan había dado buen resultado. Durante dos meses, pudo eludir los pocos controles policiales de la famosa ciudad balnearia. Sin embargo, hay datos sobre alguno de sus movimientos, por ejemplo, que a principios de junio dejó la camioneta de Reese en el parking municipal de la calle 13, en Miami Beach, exactamente a solo dos manzanas de la mansión de Versace. ¿Casualidad? Sin embargo, la primera pista que podía hacerle caer aparecería casi un mes después.

El 7 de julio, Cunanan llevó a la casa de empeño Cash on the Beach una de las monedas antiguas de oro que había robado en la casa de Miglin. Allí consignó su ubicación de entonces, el Normandy Plaza Hotel, así como firmó con su verdadero nombre y hasta dejó una huella digital en el recibo. A cambio, la empleada del comercio, Vivian Olivia, le dio 190 dólares por la moneda y, tal como establece la ley, avisó de la transacción a la policía. Por razones nunca aclaradas, los investigadores ignoraron que uno de los asesinos más buscados del país en ese momento facilitaba su paradero con total desparpajo.

Poco después, el 11 de julio, la policía estuvo muy cerca de atraparle. Ese día, Cunanan fue a un local de comida, cerca del hotel: Miami Subs. Pidió un bocadillo de atún al empleado Kenneth Benjamin, quien le reconoció porque su rostro había aparecido en el programa de televisión *America's Most Wanted*. Sin dudarlo, Benjamin llamó al 911, pero cuando la policía llegó al lugar el asesino ya había desaparecido.

Salvo este episodio, Cunanan disfrutó de casi dos meses de tranquilidad en Miami Beach y en el Normandy Plaza Hotel con privaciones económicas, es cierto; pero también sin mayores problemas. Aunque las comodidades de su habitación estaban muy lejos de la que compartía con su examante, el millonario Norman Blachford, en este lugar de glamur alicaído podía sentirse como «borrado del mapa». La situación parecía una metáfora de lo que él mismo querría haber sido. El gran conquistador sobrevivía en un hotel venido abajo, pero aún estaba a salvo.

Ninguna sospecha

En el hotel hizo un solo amigo, Ronnie, con quien compartió apenas lo que le convenía: le hizo ver que era un muchacho a la deriva, que había vivido bien, aunque la suerte ahora le era esquiva, y que se refugiaba en las drogas quizá para alejar sus penurias. Ronnie supo también que se prostituía y que su clientela eran hombres mayores, pero más allá de algún arranque de violencia que pudo haber llamado su atención o de actitudes que su nuevo amigo no entendía, Cunanan no le pareció alguien peligroso. Tampoco despertó sospechas en Roger Falin, el gerente del hotel durante el tiempo que permaneció alojado, quien le recordaba como a un joven que «llevaba casi siempre gafas de sol, era limpio, educado y hablaba muy suavemente». También dijo que había sido cumplidor con los pagos y que era prácticamente «un fantasma». Al principio, pagaba 35,73 dólares por noche; luego 230 por semana y, finalmente, 690 por mes. El único día que dejó de pagar fue el 15 de julio, la fecha en que le disparó a Gianni Versace y se dio a la fuga.

Se ignora si durante este período se dedicó a planear o no el asesinato de Versace; es probable que sí, pero no ha sido comprobado. En cambio, sí se sabe que se despidió de su amigo Ronnie sin revelarle información alguna sobre cuáles serían sus siguientes pasos.

Seguramente, la vida en el Normandy Plaza no cumplía con las expectativas que Cunanan tenía sobre su futuro. Recordemos que, aunque su familia era humilde, cuando era chico el fallecimiento de su abuelo supuso para los Cunanan, herencia mediante, el pasaje a un modo de vida más holgado, que luego se reforzó con las actividades ilícitas de Modesto, su padre.

Él mismo había concurrido a una escuela a la que sus hermanos no habían tenido posibilidad de asistir y hasta algunos biógrafos resaltan que le tenían envidia y que le apodaban «el Príncipe», porque todo en su vida había estado rodeado de confort y buen gusto. ¿Qué hacía sobreviviendo entonces en el Normandy Hotel? ¿Cuánto tiempo iba a comer una y otra vez bocadillos de atún de oferta o pizzas grasientas? La distinción del asesino iba cayendo en picada sobre la costa de Florida.

Pensamientos frente al mar

El 15 de julio de 1997, Cunanan salió muy temprano del Normandy Hotel. Iba con su infaltable mochila al hombro: allí llevaba alguna documentación, muy poca ropa y la pistola

Taurus, que había estado celosamente guardada en un rincón escondido de la habitación hasta ahora.

Nada cuesta imaginar que aquella madrugada Andrew anduvo vagando por las hermosas playas de Miami Beach, que después caminó por Ocean Drive, la gran avenida llena de restaurantes y hoteles art decó que cruza toda la costa y que después esperó la salida del sol, que ese día ocurrió exactamente a las seis y treinta y ocho.

¿Qué hizo allí Andrew Cunanan todas esas horas? ¿Intercambió, tal vez, palabras en varios diálogos imaginarios con Gianni Versace? Es problable, porque la noche anterior había sido agitada: algunos testigos dijeron a la revista *Newsweek*, luego del asesinato del diseñador, que la noche del 14 de julio le habían visto en el bar gay Twist y en la disco Liquid.

Frente al mar, las ideas de Andrew, seguramente, se atropellaban en su cabeza. Él, «el Príncipe», estaba ahí echado en la arena, como si fuera su único hogar, vistiendo vulgarmente y comiendo lo que sus pocos billetes le permitían; mientras otros, llenos de dinero, fama y glamur simplemente veían pasar la vida desde sus espléndidas mansiones, una de ellas, Casa Casuarina, la de Gianni Versace justo enfrente; solo había que salir de la playa y cruzar Ocean Drive.

Desde hacía unos meses, cuando Norman Blachford decidió unilateralmente cortar la relación, Cunanan vivía en caída libre: no tenía auto, ni ahorros, ni un lugar donde vivir. Sus últimos dólares se habían ido en el pasaje a Minneapolis, lugar en el que pensaba recuperar el amor de David Madson. Pero la presencia de Jeffrey Trail, y el hecho de que Madson y el exmarine fueran amigos junto con un ya evidente desequilibrio mental del propio Cunanan, trastocaron sus planes en una escalada violenta que anunciaba su ineluctable destrucción.

Y luego vino el encuentro con Miglin y la sangre y Reese y los disparos y la huida... Todo, inexorablemente, desembocaba en el abismo del Normandy Plaza Hotel, un precipicio con toques de art decó pero venido abajo, donde compartía las pocas drogas que conseguió gracias a su reciente amigo Ronnie, y nada más. El FBI lo estaba buscando y —Andrew seguramente podía presentirlo— tarde o temprano le encontraría.

Si Cunanan conocía o no a Versace, es algo que nunca sabremos, como tampoco es posible acertar el motivo del asesinato del célebre diseñador. Para quienes creían conocer a Cunanan, fue una cuestión de trascendencia. Un acto así, de semejante desparpajo y violencia le colocaría definitivamente en la cima, en la tapa de todos los periódicos del mundo... y de alguna manera, el planeta entero sabría de su existencia.

Aquella noche frente al mar, el espejismo de la fama pudo haberle confundido. ¿Acaso no era famosísimo John Warnock Hinckley Jr., el hombre que intentó matar al entonces presidente de los Estados Unidos, Ronald Reagan, en 1981? En su miserable condición actual, el pasaje al conocimiento público debía llegar de una manera imprevista y atacar a una personalidad como Versace era, desde esta mirada entre infantil y perversa, un evento infalible.

Desde la playa, acaso vio a Versace asomarse al pequeño balcón del frente de Casa Casuarina y otear el horizonte. Puede que ese gesto sencillo, de un hombre que jamás sospechó que alguien pudiera estar espiándolo y que simplemente comenzaba la mañana, haya despertado una reacción que se sabe, fue imparable.

Cunanan se puso alerta. Revisó el arma y la dejó bien a mano en la mochila, para que le fuera sencillo sacarla rápido. El día recién empezaba y todos en varias manzanas a la redonda conocían de memoria la rutina mañanera del famoso diseñador: salía solo a comprar los diarios y revistas, a veces tomaba un café y siempre saludada a todos los conocidos o se detenía a conversar con ellos. Era solo cuestión de esperar el momento oportuno.

La paradoja del mal

El sol trepaba rápidamente el cielo ese martes 15 de julio y probablemente el asesino se impacientaba. Ignoramos qué era lo que le había llevado hasta allí y qué pasaba por su cabeza.

Aunque, sobre la base de investigaciones de casos similares, Vicente Garrido Genovés, especialista en psicología criminal y asesor de casos policiales, ensaya una respuesta en su libro *Asesinos múltiples y otros depredadores sociales*:

> «El asesino en serie vive una vida ordinaria y de pronto descubre que, con un acto de violencia extrema, ejercida sobre la víctima en la que proyecta su fantasía, siente una plenitud emocional extraordinaria. Se siente por primera vez vivo. Y lo que quiere es repetirlo las más veces que pueda y morirse de viejo en la cama. Para un psicópata, el amor de una pareja, de unos padres o unos hijos no significa nada. Es su fachada. Pero planear el crimen, acechar a su víctima, llevarse recuerdos... es una cosa fabulosa, su naturaleza esencial, el objetivo de su vida».

«La personalidad antisocial con rasgos narcisistas es el vehículo que le permite concretar su plan macabro de matar» a personas que supuestamente quería, a quienes admiraba o envidiaba, y en el camino sumó a una víctima solamente para robar un coche. «Si Cunanan hubiese sido juzgado por un tribunal, no hubiese podido ser declarado mentalmente inestable, ya que, al no cumplir con los criterios de ningún trastorno psicótico era completamente imputable. Debe tenerse en cuenta que los trastornos de la personalidad mantienen el juicio de la realidad conservado», concluye.

En una extensa nota con Paola Fava, para el periódico *El Español*, Garrido generaliza sí, pero en parte pone en evidencia lo que puede suceder en una mente criminal. «Su salida es su relato

POLICE LINE DO NOT CROSS   POLICE LINE DO NOT CROSS   POLICE LINE DO NOT CROSS   DO NOT CROSS

El 15 de julio de 1997, los escalones de la Casa
Casuarina quedaron teñidos de sangre. Cunanan
había disparado dos veces a quemarropa a su última
víctima, el gran diseñador de moda Gianni Versace.

de triunfo, una nueva identidad tras el crimen» —explica y hasta parece que está hablando específicamente de Andrew Cunanan—.

«No piensa en la supervivencia. Es la suma de tres factores: una personalidad narcisista, alguien que considera que merece lo que la vida da a los triunfadores y no lo tiene; una acumulación de agravios y humillaciones; y que la biografía que está protagonizando sea de fracaso».

Y continúa: «El máximo que uno pueda tener en el mundo, decidir sobre la vida y la muerte de los demás. Y será un acto de justicia». Por eso el libro habla de «La gran paradoja del mal»: los asesinos matan por razones morales. Se sienten legitimados: tú me has ofendido al no darme el trabajo que me corresponde, al no querer acostarte conmigo o al humillarme en cualquiera de sus formas.

Poco antes de las nueve de la mañana, Versace salió de su mansión y activó en la mente del asesino un mecanismo que no tuvo freno. La adrenalina le preparó para el ataque y lo único que tuvo que hacer fue esperar a que la víctima regresara, oculto entre las sombras del boulevard Ocean Drive. Y no tuvo que aguardar demasiado, porque Versace tenía compromisos esa mañana y enseguida volvería con las revistas que habían llegado ese mismo día al News Cafe —*People*, *The New Yorker*, *Vogue*, *Entertainment Weekly* y la edición en español de *Newsweek*—.

¡Qué lejos estaba Andrew del mundo de las *celebrities* del que hablaban esas revistas! Pobre, con su última ropa puesta y el arma en la mochila, tal vez supuso que eliminar al diseñador le colocaría de inmediato en un sitio de privilegio. Al fin sería «alguien» como quería su padre o una persona «muy especial» como aseguraba su madre, al fin sería príncipe.

Cruzó Ocean Drive ya empuñando el arma. El grueso calibre de la Taurus le garantizaba que, con un poco de puntería, el disparo sería mortal. Pero eso Cunanan ya lo sabía: había matado al único hombre por el que había sentido algo parecido al amor de tres tiros. Puede que haya pensado que hasta sería más fácil en este caso. Matar al que quise ser para poder ser un poco una vez.

Mientras Versace buscaba las llaves y colocaba la indicada en la cerradura, Andrew tuvo tiempo de pararse detrás de él, debajo de la escalinata y apuntar la Taurus con precisión. Quizá le llamó por su nombre, Gianni, o por su apellido, ¿Signore Versace...?, o tal vez hizo algún ruido que el famoso modisto alcanzó a detectar... imposible saberlo. Gianni Versace se recuperaba lentamente de su cáncer de oído y tenía episodios de pérdida de la audición. Lo cierto es que, desde una posición casi de quemarropa, el muchacho de la camiseta roja, gorra y arma en mano, disparó dos veces a su víctima y huyó.

La noticia de la muerte de Versace dio la vuelta al globo rápidamente. Era inconcebible que alguien quisiera matarle: no tenía enemigos y, aunque en un primer momento rondó la idea de que la mafia calabresa le había asesinado en un ajuste de cuentas, pronto esa hipótesis fue desechada. En especial, cuando la policía encontró la pick-up roja de Reese en el parking municipal con ropas y documentación de Cunanan.

Entonces volvió a primera plana el hombre que ya estaba siendo buscado por el FBI, el mismo que se mantenía oculto y a quien nadie, salvo el empleado de un local de comidas, había podido identificar a lo largo de los dos meses que ya habían transcurrido desde su cuarto homicidio. Ya fuera por sus habilidades para pasar desapercibido o porque, sencillamente, la policía no había actuado con eficacia para encontrarle, la cuestión era que Cunanan seguía suelto y se había producido otra tragedia.

Fuga e investigación

Los días que vendrían serán para Cunanan las últimas pesadillas. Con la ciudad cercada, su foto en los comercios de Miami Beach y los medios machacando en todas las pantallas la muerte de Versace y el nombre del asesino, Andrew Cunanan estaba acorralado.

Los noticieros, para empeorar, aseguraban que Andrew había contraído el virus del SIDA y que por eso se había convertido en un ser rencoroso de la comunidad gay, motivo que le había llevado a asesinar a uno de los diseñadores más famosos del mundo. También, decían que su padre no había sido más que un delincuente y su madre, una religiosa fanática con trastornos psiquiátricos. Programas especiales en la televisión de todo el país analizaban su vida y su pasado como si les importara en algo su destino. Amigos de la secundaria y otros de quienes ya no tenía memoria hablaban de él; todos decían conocer su vida y sus gustos. Todos se llenaban la boca con sus dichos y versiones, y le daban forma a un pasado que no había existido, hablaban de un Cunanan que no era él y que le llenaba aún de más rabia.

Encerrado en la casa flotante donde se había refugiado después de abandonar el hotel, la televisión y la radio le nombraban todo el tiempo. La policía le buscaba y la comida se estaba terminando. Había asesinado a cinco personas y nada en su vida había cambiado. El pensamiento quizá mágico que le hizo suponer que matar podía ser una solución a sus propios problemas empezó a resquebrajarse. Y antes de lo que suponía, Andrew fue descubierto.

Ocho días después del asesinato de Versace, el miércoles 23 de julio de 1997, Fernando Carreira, cuidador de la casa flotante, estaba haciendo su visita de rutina cuando notó que algo andaba mal. La puerta sin llave y algunas cosas fuera de lugar en la casa vacía llamaron su atención.

El hombre fue a buscar su arma para cerciorarse con cierta protección de que todo estaba bien, cuando desde la planta alta de la casa, donde estaban las habitaciones, sonó un disparo. Entendió que el hombre al que la policía estaba buscando se ocultaba allí y hasta llegó a creer que el balazo que escuchó estaba destinado a él.

Así que llamó al 911. Las fuerzas especiales SWAT y la policía no tardaron en llegar y, tras rodear la casa y entrar de inmediato en una escena digna de una película de acción, subieron meticulosamente después de revisar la planta baja; pero llegaron tarde para atrapar al asesino.

Andrew Phillip Cunanan estaba en la planta superior, echado en la cama, muerto. Por la posición del cadáver y la ubicación de la pistola en su mano, el forense determinó que había metido el cañón de la Taurus dentro de la boca y que luego había disparado. La misma pistola que le había robado a Jeffry Trail y la misma con la que había asesinado a tres personas más: David Madson, William Reese y Gianni Versace.

Cinco meses después

Apenas conocido el deceso de Cunanan, la policía y los investigadores del FBI se propusieron analizar cuál había sido el móvil de los crímenes. Andrew no dejó una nota de suicidio ni dejó entrever a nadie lo que pensaba hacer. Y la realidad era que, dada su mitomanía, esa habilidad para decir y creerse sus mentiras, resultaba imposible reconstruir algo de su vida, siquiera a través de quienes le conocían. Porque no había nadie que conociera a Cunanan, ni siquiera el mismo Andrew. Quienes viven en carne propia la necesidad patológica de mentir, lo hacen como vía de escape, para obtener atención o admiración, para negar y no admitir sus límites, su rabia, su frustración, para no ver la realidad, y entran así en un círculo vicioso que les acaba dejando absolutamente solos, encerrados en el laberinto de sus propios engaños.

Saber qué llevó a Cunanan a matar impiadosamente a dos amigos, luego a un cliente, al propietario de una camioneta y al diseñador Gianni Versace es prácticamente imposible. Sin embargo, Ann Rule, escritora e investigadora de asesinos en serie, en una entrevista concedida a Paloma González para la

Andrew Cunanan se quitó la vida en una casa
flotante antes de que la policía de Miami le atrapara.
Su suicidio dejó sin respuesta para siempre a los
interrogantes sobre por qué asesinó a Gianni Versace.

edición de enero de 2018 de la revista *GQ*, definió una suerte de hilo de Ariadna para explicar este raid de asesinatos del Andrew minotauro: «Comenzó como una venganza, pero Cunanan rápidamente desarrolló una fascinación por la crueldad y la violencia extrema», probablemente equiparable a la época de su vida en la que practicaba el sadomasoquismo como esclavo y amo.

A fines de ese triste 1997, la policía de Miami Beach dio por concluida la investigación. En tres enormes tomos que contenían 700 páginas, los detectives consignaron infinidad de detalles sobre la vida de las víctimas y pudieron reconstruir los últimos días de Andrew Cunanan. Sin embargo, arribaron a pocas conclusiones. Sí se pudo saber que Cunanan trabajó solo. Los asesinatos se fueron dando por el propio impulso de una mente claramente enferma.

Así la teoría de que a Versace le habría matado la mafia fue desechada rápidamente y no había dudas con respecto al autor de la muerte de Lee Miglin. Reese, el cuidador del cementerio de Pennsville, fue muerto de un tiro en la cabeza con el objeto de robar su camioneta. Y con relación a los primeros en la esa lista negra, Jeffrey Trail y David Madson, la causa habrían sido los celos.

Si excluimos a William Reese, el denominador común de todos estos crímenes es la homosexualidad, y quizá tres aditivos: la violencia, el dinero y la fama. ¿Sentía envidia de esos hombres? Dada su promiscua actividad sexual también se dijo que Cunanan podría haber contraído el virus del SIDA, lo que explicaría en parte por qué el ataque a la comunidad gay y su suicidio final. Pero también hay dudas sobre este tema. A los pocos días de la muerte y, supuestamente tras la autopsia que aseguró que Cunanan no estaba contagiado, el jefe de la policía de Miami, Richard Barreto dijo, simplemente, no estar autorizado para dar la información. Sin embargo, los investigadores no quisieron ni negar ni confirmar nunca este dato cuando dieron el caso por cerrado.

Para las personas que le conocieron, Andrew Cunanan sigue siendo un misterio. Los secretos desencadenantes, la sensación de vértigo y de vacío tras cada muerte, el indudable terror a pasar el resto de su vida en la cárcel, el vacío que seguía sintiendo después de cada asesinato, la frustración de una vida que debía ser grande y no lo era; todas ellas son las piezas que faltan para completar este rompecabezas que la muerte se llevó a la tumba.

PERFIL CRIMINAL

Nacimiento: National City, California, 31 de agosto de 1969.

Nombre: Andrew Phillip Cunanan. Usaba el apellido de su padre, Modesto Cunanan, de origen filipino. Su madre era Mary Ann Schilacci, de ascendencia italiana. Tenía tres hermanos: Christopher, Elena y Regina. En ocasiones utilizó los alias de Drew Cummings y Andrew Da Silva.

Infancia y juventud: a diferencia de otros asesinos en serie, no habría sufrido abusos ni maltrato. Al contrario, era el preferido de la familia. Sin embargo, surgieron conflictos cuando dio a conocer su homosexualidad, a los 19 años.

Esposas e hijos: no se casó ni tuvo hijos.

Perfil: fantasioso, mentiroso patológico, camaleónico, carismático y muy inteligente. Estas características le permitieron relacionarse con la élite de la comunidad gay de San Francisco. Gracias a sus "mecenas", logró alcanzar un estilo de vida de alto estándar.

Tipo de víctimas: cuatro de sus víctimas eran hombres homosexuales. Con dos de ellos tenía una relación amistosa o íntima y el otro habría sido un cliente sexual. Su víctima más famosa, Versace, también era gay, pero no está claro si se conocían con anterioridad.

Crímenes: mató a Jeffrey Trail, David Madson, Lee Miglin, William Reese y Gianni Versace.

Modus operandi: *spree killer* "asesino relámpago". Sedujo a Trail, Madson y Miglin, pero a Reese le mató para quitarle su camioneta. Habría asesinado a Versace en una mezcla de envidia y narcisismo, pero el motivo real se desconoce.

Condena: se suicidó cuando estaba cercado por la policía. Tenía 28 años.

Bibliografía

Aunapu, Greg. *The Devil in the Magic City: Andrew Cunanan & the Murder of Gianni Versace*. Amazon Media, 2018.

Clarkson, Wensley. *Death at Every Stop: the True Story of an Alleged Gay Serial Killer*. St. Martin's Press, 1997.

Diamond, CT Patrick. *Versace's Medusa: Andres Cunanan*. CreateSpace Independent Publishing Platform, 2015.

García Roversi, Susana P. *Sin Piedad*, en *Asesinos Múltiples 1*. Grupo Editorial HS, 2010.

Garrido Genovés, Vicente. *Asesinos múltiples y otros depredadores sociales*. Grupo Planeta, 2018.

Indiana, Gary. *Three Month Fever: The Andrew Cunanan Story*. HarperCollins Publishers Inc, 2000.

Orth, Maureen. *Vulgar Favors: The Hunt for Andrew Cunanan, the Man Who Killed Gianni Versace*. Bantam Trade, 2017.

Race, Dave y Urness, Lee. *Death by Design*. Alethos Press, 2017.

Voltaire James. *Crime 6: Introduces the Unrequited Love of Andrew Cunanan's Life*. Amazon Media, 2019.

Vronsky, Peter. *Serial Killers: the Method and Madness of Monsters*. Penguin Putnam Inc, 2004.

TÍTULOS DE LA COLECCIÓN

TED BUNDY

LA MENTE DEL MONSTRUO

* * *

JOHN WAYNE GACY

EL PAYASO ASESINO

* * *

DENNIS RADER

BTK: ATAR, TORTURAR Y MATAR

* * *

ANDRÉI CHIKATILO

EL CARNICERO DE ROSTOV

* * *

HENRY LEE LUCAS

EL PSICÓPATA SÁDICO

* * *

AILEEN WUORNOS

LA DONCELLA DE LA MUERTE

* * *

CHARLES MANSON

LA NOCHE DE LA MASACRE

* * *

EL ASESINO DEL ZODÍACO

UN ACERTIJO SIN RESOLVER

* * *

ANDREW CUNANAN

EL ASESINO DE VERSACE

* * *

JEFFREY DAHMER

EL CANÍBAL DE MILWAUKEE

ALEXANDER PICHUSHKIN
EL ASESINO DEL AJEDREZ

***

PEDRO ALONSO LÓPEZ
EL MONSTRUO DE LOS ANDES

***

HAROLD SHIPMAN
EL DOCTOR MUERTE

***

ARQUÍMEDES PUCCIO
EL SINIESTRO LÍDER DEL CLAN

***

GILBERTO CHAMBA
EL MONSTRUO DE MACHALA

***

MARY BELL
LA NIÑA ASESINA

***

DONATO BILANCIA
EL ASESINO DEL TREN

***

JACK EL DESTRIPADOR
EL TERROR DE WHITECHAPEL

***

MANUEL DELGADO VILLEGAS
EL ARROPIERO: UN PSICÓPATA NECRÓFILO

***

JEAN-CLAUDE ROMAND
EL PARRICIDA MITÓMANO

www.ingramcontent.com/pod-product-compliance
Lightning Source LLC
Chambersburg PA
CBHW060440090426
42733CB00011B/2342